津本 陽　二木謙一

信長・秀吉・家康
天下人の夢

実業之日本社

実業之日本社文庫

《目次》

第一章 織田信長

第一章　織田信長

戦国時代、天下統一への道を最初に駆け始めたのが織田信長《おだのぶなが》である。

信長は天文《てんぶん》三年（一五三四）、尾張守護代《おわりしゅごだい》織田家の奉行《ぶぎょう》職をつとめる家柄に生まれた。父の信秀《のぶひで》は傑出した武将で、主家をもしのぐ勢力を得ていくが、天文二十年（一五五一）に急死してしまう。

嫡男《ちゃくなん》の信長が跡を継いだものの、かねてより奇矯《ききょう》な振る舞いが多く、「うつけ」と呼ばれて将来を不安視されていたため、一族、家臣は動揺した。

しかし、信長は、たびたび背いた実弟信行《のぶゆき》を殺害するなど、一族内の反抗勢力を着実に撃破《げきは》し、永禄《えいろく》二年（一五五九）、ついに尾張を統一した。

翌年五月には西上する駿河《するが》・遠江《とおとうみ》の大大名・今川義元《いまがわよしもと》を桶狭間《おけはざま》の合戦で討ち、その名を一躍全国に轟かせると、以降、斎藤道三《さいとうどうさん》亡きあとの美濃《みの》への侵攻を積極的に進め、永禄十年（一五六七）、ついに斎藤龍興《たつおき》を稲葉山城より追い落として美濃を平定した。

そしてここから「天下布武《てんかふぶ》」を掲げ、天下統一へ向けて邁進《まいしん》していく。

その大きな布石となったのが、翌年に将軍足利義昭《あしかがよしあき》を奉じ上洛《じょうらく》したことである。

北近江《おうみ》の浅井長政《あざいながまさ》に妹お市《いち》を嫁がせて同盟を結ぶと、六角氏《ろっかくし》や松永久秀《まつながひさひで》、三好三人衆らを一掃して畿内を掌握。将軍義昭を利用しながら全国の武将に服属《ふくぞく》を呼びかけた。

しかし天下統一は一筋縄ではいかなかった。間もなく義昭との間に不和が生じると、義昭は全国の大名や一向《いっこう》宗勢力、さらには信長から離反した浅井氏と結んで信長包囲網を敷いたのである。

一転して劣勢に追い込まれた信長であったが、天正《てんしょう》元年（一五七三）に浅井・朝倉《あさくら》両氏を滅ぼすと、足利義昭を京都より追放し、室町《むろまち》幕府を滅ぼした。

さらに天正三年（一五七五）には、長篠《ながしの》の合戦で甲斐《かい》の武田勝頼《たけだかつより》を撃破。このときの戦いは、新兵器である鉄砲を大量に活用した。

翌年、信長は天下支配の中心となる五層七階の豪華絢爛な安土城《あづちじょう》を築いて、その権勢を誇示するに至った。

宿敵！　石山合戦

元亀《げんき》元年（一五七〇）以降、反信長勢力の中心ともいえる存在が石山本願寺《いしやまほんがんじ》だった。本願寺の一向宗勢力は反信長の大名と連合するとともに、各地で激しい一向一揆を展開していた。

これに対し信長は、伊勢長島《いせながしま》や越前《えちぜん》などの一向宗徒を滅ぼす一方、本願寺と約十年にわたって石山合戦を繰り広げた。

この戦いに大きな転機が訪れたのは天正六年（一五七八）十一月に起こった第二次木津川口《きづがわぐち》の合戦だ。

本願寺を包囲して兵糧攻めにしていた信長は、本願寺を支援する毛利《もうり》水軍打倒のため鉄甲船《てっこうせん》を造らせ、毛利水軍を見事撃退。本願寺の兵糧を絶つことに成功した。

こうして徐々に味方を失った本願寺は天正八年（一五八〇）、信長に屈服した。天正十年（一五八二）に武田氏も滅亡させた信長は、天下統一を目前にしていた。

三男信孝《のぶたか》に四国征伐を命じる一方、毛利氏との決戦を間近に控えた中国征伐中の羽柴秀吉《はしばひでよし》の援軍のために上洛《じょうらく》し、五月末日、本能寺《ほんのうじ》に宿泊した。しかし六月二日の未明、家臣の明智光秀《あけちみつひで》に急襲され、波乱の生涯を終えたのである。

徹底した合理主義

天下統一の夢は果たせなかったものの、群雄割拠《ぐんゆうかっきょ》していた戦国時代から織田信長が、他を圧倒する戦力を持つまでになったのは、その戦略もさることながら、従来の戦国大名と一線を画した合理的理念を持っていたことが大きい。

たとえば信長軍団の強さの秘密もそのひとつだ。

軍団最大の特徴は兵農分離《へいのうぶんり》を断行し、プロの兵士軍団を常備したことにある。従来の戦国大名の兵の多くは半農半士で、普段は農業に従事しながら合戦時に兵として駆りだされた。

そのため兵は農繁期には帰還せねばならず、戦いに支障をきたしていた。信長はそれを常備する兵士軍団へと発展させたのである。

それにより武士はつねに軍事教練が可能になり、戦闘技術、能力を高めた。鉄砲の扱いに習熟できたのもこうした教練の賜物だっただろう。

また、季節の制約を受けずに軍事行動ができたことも大きい。

その人材登用にも合理性が見られる。家柄や門閥《もんばつ》ではなく実力主義を徹底したのである。その最たるものが豊臣秀吉だろう。一介の小者として登用された秀吉だが、信長はその能力を高く買い、長浜城主にまで出世させている。

先取性に富んだ精神

信長といえば他の武将に先駆けて鉄砲を活用したことでも知られる。長篠の合戦では、従来の戦闘方法を変える鉄砲を駆使した戦いを見せたが、この他にも毛利水軍を破った鉄甲船の建造など、当時の世界の先進技術をいち早く取り入れて人々を驚かせた。

こうした理念は戦いだけでなく、領国経営にも向けられていた。積極的に楽《らく》市《いち》・楽《らく》座《ざ》を採用し、城下に物資と人を集めた。これらは経済を活発にさせるだけでなく、流通を押さえたり、情報を入手することにも役立ったといわれる。

何より信長の合理的精神が発揮されたのは、比叡山《ひえいざん》焼き討ちや一向一揆との戦いなど、従来の武将たちが仏罰・神罰を恐れて断行できなかった、宗教勢力との戦いである。

多くの武将たちが恐れた神や仏をなぜ信長は恐れなかったのか。

この理由も信長独自の合理主義にあるといえよう。

神仏に対する信仰と、自分に逆らう寺院・僧に対する非情な処遇はまったく別のものとして考えていたのである。

辛抱強かった若き日の信長

織田信長《おだのぶなが》というと、永禄《えいろく》十一年（一五六八）七月に足利義昭《あしかがよしあき》を美濃《みの》に受け容れるや、わずか二か月後には、義昭の警護を名分に上洛を敢行したように、その行動は迅速を極める印象が強い。

またその性格も、気に入らないことがあれば、烈火のごとく怒り、女性に狼藉を働いた部下を目撃するや、刀を一閃して手打ちにしたという逸話も伝わるように、気の短さが伝えられている。

しかし、その反面、彼の尾張《おわり》統一の経過を見ると、意外な一面が浮かび上がってくる。若い時期には焦らず、じっくりと足元を固め、戦国乱世へ打って出るに必要なテクニックを養う……。そうした堅実な日々を送っているのだ。

では、戦国の革命児・織田信長が過ごした「未熟」時代を覗いてみよう。

尾張平定に十三年を費やした信長

二木　私は、政治は門外漢ですが、それにしてもいまの日本には真のリーダーがいない、あるいは組織とか派閥だとかの力が強くてリーダーシップが発揮できないという感じがします。

それに比べて、信長はもちろん豊臣秀吉《とよとみひでよし》にしても徳川家康《とくがわいえやす》にしても、戦国時代の武将はやはり強烈な個性を持っていたわけですね。とりわけ信長は終生ワンマン的なリーダーであった。それが先程津本さんもおっしゃったように、一方で猪《ちょ》突猛進《とつもうしん》のうつけ者であるとか、他方、冷酷非道の専制君主であるとか、さまざまなイメージで語られてきたと思うんです。確かに後年になってそう言われても仕方のないような所業もありますが、少なくとも尾張を平定するまでの信長は、そうした紋切《もんき》り型の解釈は通用しませんね。

津本　同感です。尾張時代の信長は非常に気が長いといいますか、決して無茶をやりません。それに、彼はもともとあまり乱暴な人間ではないと思います。

二木　そうですね。当時、尾張は上半国に岩倉《いわくら》の伊《い》勢守《せのかみ》家、下半国に清洲《きよす》の大和《やまとの》守《かみ》家とそれぞれの守護代がいて、信長の置かれている立場は清洲の織田大和守家三家老のうちの一家にすぎず、尾張織田一族のなかでは末流です。

ですから、駿河《するが》の今川義元《いまがわよしもと》がいつ尾張に攻め入ってもおかしくないような状況のなかで、当時の信長は一刻も早く尾張を統一したいが、わずか七〇〇の手勢しか持たず、諸将に結束されてはひとたまりもない。

それに、ゆくゆくは天下統一の野心を抱いている信長にとって、尾張での闘争は言ってみれば叔父や兄弟を相手にした内ゲバみたいなものですから、当面は敵であっても、いずれは自らの兵力として組み入れなければならないかもしれない。だから庶兄信広《のぶひろ》が反乱を起こしても許してしまいますね。

津本　そうです。確かに林秀貞《はやしひでさだ》や柴田勝家《しばたかついえ》を頼んで謀叛《むほん》を起こした弟信行《のぶゆき》にも古渡城《ふるわたりじょう》をやったりしています。そうしたことをそのまま放置していたら結局自分が滅ぼされるわけですが、二度目の謀叛も許して、三度目の謀叛を企てているとの情報を得てようやく誘殺《ゆうさつ》するわけです。尾張時代の信長には時期を待つ、潮時を待つ姿勢があります。私は信長の戦法が迅速果敢になったのは、美濃攻略以

信長の兄弟と親族

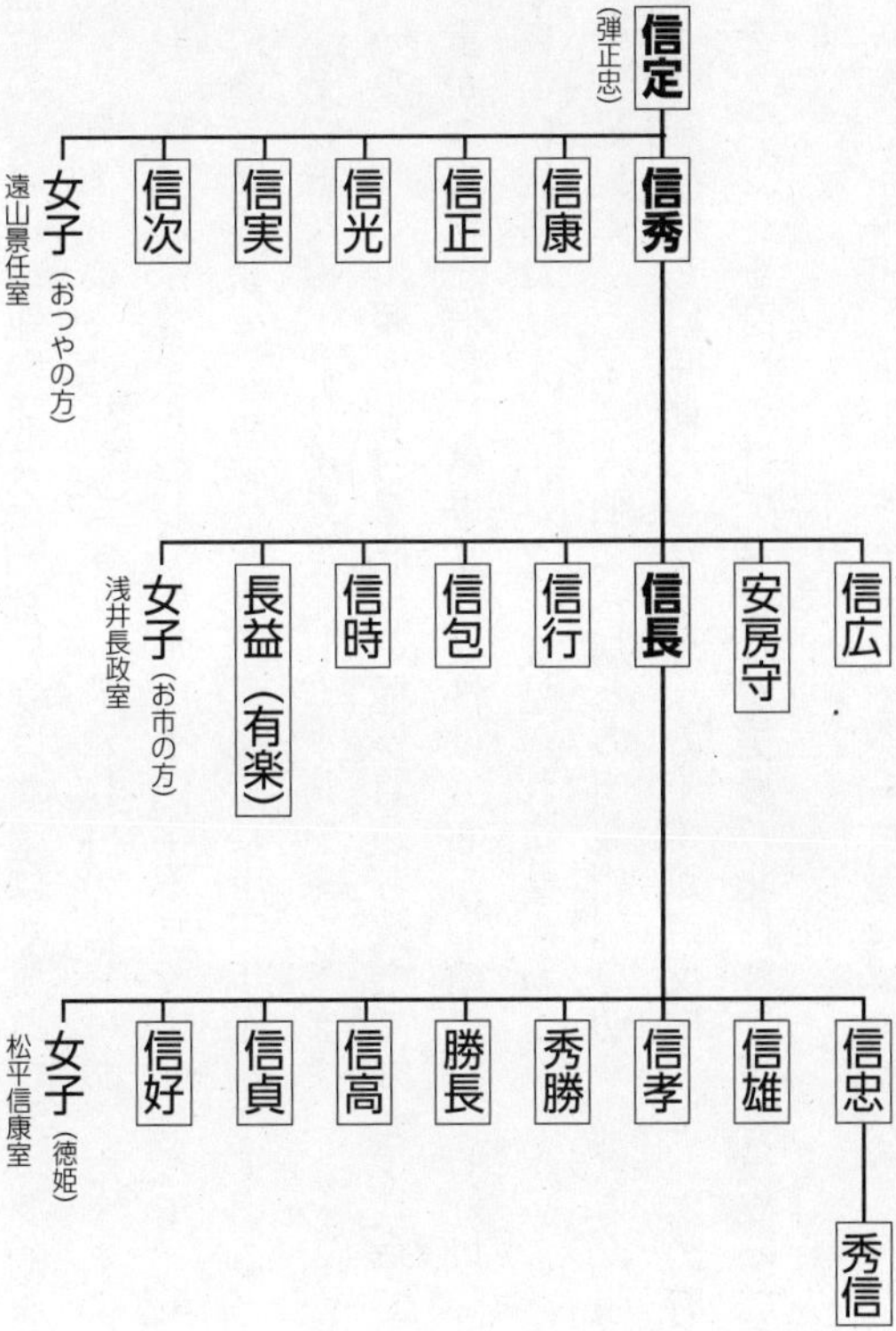
信定
（弾正忠）
信秀
信康
信正
信光
信実
信次
女子
（おつやの方）
遠山景任室
信広
安房守
信長
信行
信包
信時
長益
（有楽）
女子
（お市の方）
浅井長政室
信忠
秀信
信雄
信孝
秀勝
勝長
信高
信貞
信好
女子
（徳姫）
松平信康室

降のことだと思います。

二木　信行の場合は母親の寵愛《ちょうあい》を一身に受けた弟に対するマザコン的な憎悪が爆発したという側面もあると思いますが、それ以外の信長はおっしゃるように非常に辛抱強い。信長が家督《かとく》を相続して尾張を平定するまでに七、八年、犬山《いぬやま》城の織田信清《のぶきよ》を降ろして尾張の完全統一を果たすまでに十三年かかっている。

しかし、その後美濃、北伊勢を平定し、上洛《じょうらく》を果たすまでに、わずか四年しかかかっていない。今川義元を討ち取った桶狭間《おけはざま》から数えても七、八年です。尾張時代の慎重かつ柔軟な信長にはカリスマ性はもちろんのこと、それ以降に見られるような自信に満ちたリーダーシップも見られませんね。

津本　兄弟、従兄弟、叔父、大伯父、甥との肉親相剋《そうこく》を切り抜ける尾張時代は、信長にとって随分つらい時期だったと思うのですが、反面では、あの時期に信長は謀略のテクニックを身につけて、それが美濃、北伊勢平定に役立っているとも思うのです。

二木　そうした経験が後年の、たとえ肉親であっても心底から信じることのない、側近の部下に対しても心を許すことのない信長の性格を決定づけたんでしょう。

信長のリーダーシップ

柴田勝家・明智光秀《あけちみつひで》・羽柴秀吉《はしば》……。信長亡き後の戦国時代を担ったこれらの武将たちは皆、織田軍団に属していた人物である。一国の支配者、一軍の大将としても通用する力を持ちながら、信長存命時、こうした織田軍団の武将たちは、主の信長の命には絶対服従。唯唯諾諾《いいだくだく》と従った。

そうした命令系統のもと、信長は勝家や秀吉をはじめとする諸将を手足のごとく使い、領土を切り取っていったわけであるが、はたしてこれほどの人材をひれ伏させる信長の絶対的なリーダーシップはどのように育まれたのだろうか？

また、「尾張のうつけ」から、最強軍団を率い、天下布武《てんかふぶ》の戦いを進めるに足るリーダーへと変貌するきっかけは、どこにあったのだろうか？

「尾張のうつけ」をリーダーへと変貌させた合戦

――津本さんは信長が真のリーダーに変身する端緒となったのは何だったと思われますか。

津本　そうですねえ。やはり桶狭間で今川義元を破ったことからではないですか。信長にとっては乾坤一擲《けんこんいってき》の勝負に勝ったということが、大きな自信となったんではないでしょうか。

二木　あの戦《いくさ》は今川方が三万、織田方はわずか四〇〇〇。誰が見ても今川が強い、織田もこれでおしまいだと思われたわけですが、気の緩んだ義元をわずかな手勢とともに奇襲して首級《しゅきゅう》をあげた。

桶狭間の一年前までに尾張の大半を統一できていたのは幸運でしたね。もし領内の伊勢守家とか大和守家、清洲城とか岩倉城の攻略が残っていたら、あれほど鮮やかに作戦が成功したかどうかわかりませんね。

津本　ともかく信長は駿河で義元が尾張出兵の準備を始めた段階から、今川を破る万に一つの可能性は、陣立てのままならない桶狭間、実際には田楽狭間《でんがくはざま》ですが、そこでゲリラ戦法に出るしかないと決めていたわけです。と同時に、義元に信長は取るに足らない相手だと思わせて、その気の緩みを突く必要があった。

だから、今川方に攻められた領内の城には援軍を送らず見殺しにする。尾張領内には今川方のスパイがたくさん忍び込んでいて、織田信清《のぶきよ》などは今川に通じているような気配もあったので、側近の者にも桶狭間で義元を急襲する構想を出陣の直前まで打ち明けたりしない。

二木　やはり桶狭間の合戦での勝利が信長にとって大きな転機となっていますね。

信長が死に物狂いになった戦い

二木　「乾坤一擲」というのは、言い換えれば一か八かということです。戦国時代の武将にとっては、どの戦いも生死を賭けた乾坤一擲のものだったと思うのですが、信長・秀吉・家康にとって、なかでもこれはというものを取り上げてみたいと思います。

津本　信長だったら、やはり桶狭間ということになりますね。

二木　私もそう思います。初めて鉄砲隊を使って武田を破った長篠《ながしの》の合戦も乾坤一擲の戦いでしょうが、桶狭間はそれ以上と言えますね。当時の信長はやっと尾張を統一したぐらいで、兵力にしても全部掻き集めたって五〇〇〇になるかならないか。それが二万五〇〇〇もの兵力を誇る今川義元と対決したんですから。

津本　信長は、弟の信行を殺すなどして、一応相続争いを押さえます。押さえたけれど、それでも尾張五十六万石のなかで、精々十二、三万石といったところです。それで国境は今川方の大軍が取り囲んでいますし、信長にはとても勝ち目はないんです。

二木　当時関東では、武田信玄《たけだしんげん》、北条氏康《ほうじょううじやす》、上杉景虎《うえすぎかげとら》が三つ巴になっていて動けません。しかし、通常言われているように桶狭間の戦いが今川義元の上洛戦の第一歩かどうかというのは疑問が残るところですが、とりあえず尾張を取ろうと進撃してきたことは確かです。それで、世間はどう見ても今川のほうが強いと思っているし、当然織田なんか勝てっこないというのが常識だったでしょう。

津本　信長の戦い方を見ていると、割合計算をして無理な戦いをしないというところがあるんです。ところが、あの今川義元との戦いだけは、死に物狂いで戦っています。

二木　やはり、乾坤一擲なんですね。

津本　ええ、それで、今川方の歴戦の武将、戸部新左衛門《とべしんざえもん》を、寝返ったように見せかけて義元に殺させるようなこともしているでしょう。ああいう謀略までも使っているわけで、信長としては、自分の置かれた立場でできる限りの戦いをしてやろうと思っている必死さが窺《うかが》えますよね。

二木　必死でなければ勝てないわけですから。ところで、津本さんは、信長に勝算はあったとお考えですか。

津本　勝算というものは、おそらく信長にはなかったと思います。大抵なら逃げるか降参するかですよ。まあ、財産でも持ってちょっと逃げるというのが普通ですが、信長は逃げて生き延びる恥ずかしさのほうが、戦って死ぬより辛いと思うタイプの人間なんです。

二木　だから、なりふり構わずに戦った。普通は籠城戦《ろうじょうせん》をやるところが、信長は敵の本陣を衝くということをやったんですね。

津本　結局は、それが勝因になるわけです。

二木　戦国時代の戦いは、大将が討たれたらお仕舞い、負ければお仕舞いで、だから本陣を衝いて大将を狙うというところに徹底して、乾坤一擲の戦いをしたんです。夕立ちという気象条件など運に恵まれて勝ったということもあるでしょうけど。

津本　今川も織田が攻めてくるのは桶狭間しかないと知っていたんです。山の上にも見張りがいて、信長の軍勢が山の間に出て来ては隠れるということをやっているのにちっとも報告していない。

二木　油断なんでしょうね。今川が勝つに決まっている。織田なんかに絶対やられるわけはないと思い込んでいる油断。

津本　ちょっと離れたところに味方は何千といるから、織田は攻めてこれないと思い込んでしまった。だから、敵が動いていても報告もせず、負けてしまう。

『下天は夢か』名場面

「お殿さまか、簗田弥次右衛門戻ってござる」

先頭の武者がおらびあげた。

弥次右衛門父子は、信長の前で馬を飛び下り、あえぎつつ注進する。

「お殿さまに申しあげまする。今川本陣備えは、ただいま海道をそれ、田楽狭間に入ってござりますれば暑気を避け、狭間道を伝うて大高城に入るは、疑いをいれませぬ。いまこそ千載一遇のよき潮時にござりますぞ。丸根、鷲津を落せし敵は、いまだ陣を変えず、今川勢後詰めが替って前に出でたれば、義元が本陣備えが殿軍《しんがり》となり、後ろに続く人数はござりませぬ。力をふるい義元が手もとにつけいり、雌雄を決するはこの時にござりまする」

土埃を頭からかぶりつつ、弥次右衛門は身をふるわせ、心せくままに荒々しい口調であった。

「弥次右衛門、よくぞ戻ったのん。皆の者、聞いての通りでや。これより田楽狭間を目指すだぎゃ」

信長はいいすてるなり、薄雲に鞭をいれた。

使い番が隊列の後尾へ走り、行き先を伝える。

「義元本陣は田楽狭間に向うただぎゃ。いまよりわきめもふらず斬りこむゆえ、お殿さまがあとを追え。おくれて後悔すな、急げや急げ」

――『下天は夢か』桶狭間　より

桶狭間の合戦

――今川義元の野望を打ち砕いた尾張のうつけの奇襲――

永禄三年（一五六〇）の東海地方は、「海道一の弓取り」とうたわれた今川義元が駿河・遠江《とおとうみ》・三河《みかわ》三か国の太守に君臨する一方、尾張では前年に織田信長が一族争いを制してようやく国内を統一したばかりという状況にあった。

そうしたなか、五月十二日に今川義元が二万五〇〇〇の大軍を率いて駿府《すんぷ》を出陣。国境を接する尾張を目指した。

義元の出陣の目的は『信長記《しんちょうき》』などでは、上洛して天下に覇権を唱えるためだったといわれるが、尾張平定が目的だったという説もある。

いずれの目的にしろ、今川勢の進攻により信長は苦境に立たされた。二万をはるかに超える大軍を率いる義元に対し、信長の軍勢はわずか四〇〇〇余り。力の差は歴然としていたからである。

信長としてはこのまま手をこまねいていては、滅亡を待つばかりだ。

織田家の家臣たちからは籠城案も出たようだが、あくまで信長は野外での決戦を考えていた。

彼は配下の者たちに情報収集を命じ、義元の動静を把握することに努め、機会を待ち続けた。

今川軍が戦闘開始

三河・尾張国境に達した義元は、十八日に鳴海城《なるみじょう》、大高城《おおたかじょう》まで十キロほどの距離にある沓掛城《くつかけじょう》に入った。ここで義元は家臣を招集し、松平元康《まつだいらもとやす》（のちの徳川家康）に、大高城へ兵糧《ひょうろう》を運び入れるよう指示した。さらに、元康と朝比奈泰朝《あさひなやすとも》に大高城の付城《つけじろ》（城を攻撃する際の拠点として設けられた砦）である織田方の鷲津《わしづ》・丸根《まるね》両砦を攻略するように命じた。

一方で、義元の本隊は鳴海城の救援に向かい、鳴海城の付城である中島《なかじま》・善照寺《ぜんしょうじ》・丹下《たんげ》の三砦を陥落させるという作戦が決定された。

同日夜、ついに今川軍の先鋒《せんぽう》が進軍を開始した。この時清洲にあった

桶狭間の合戦

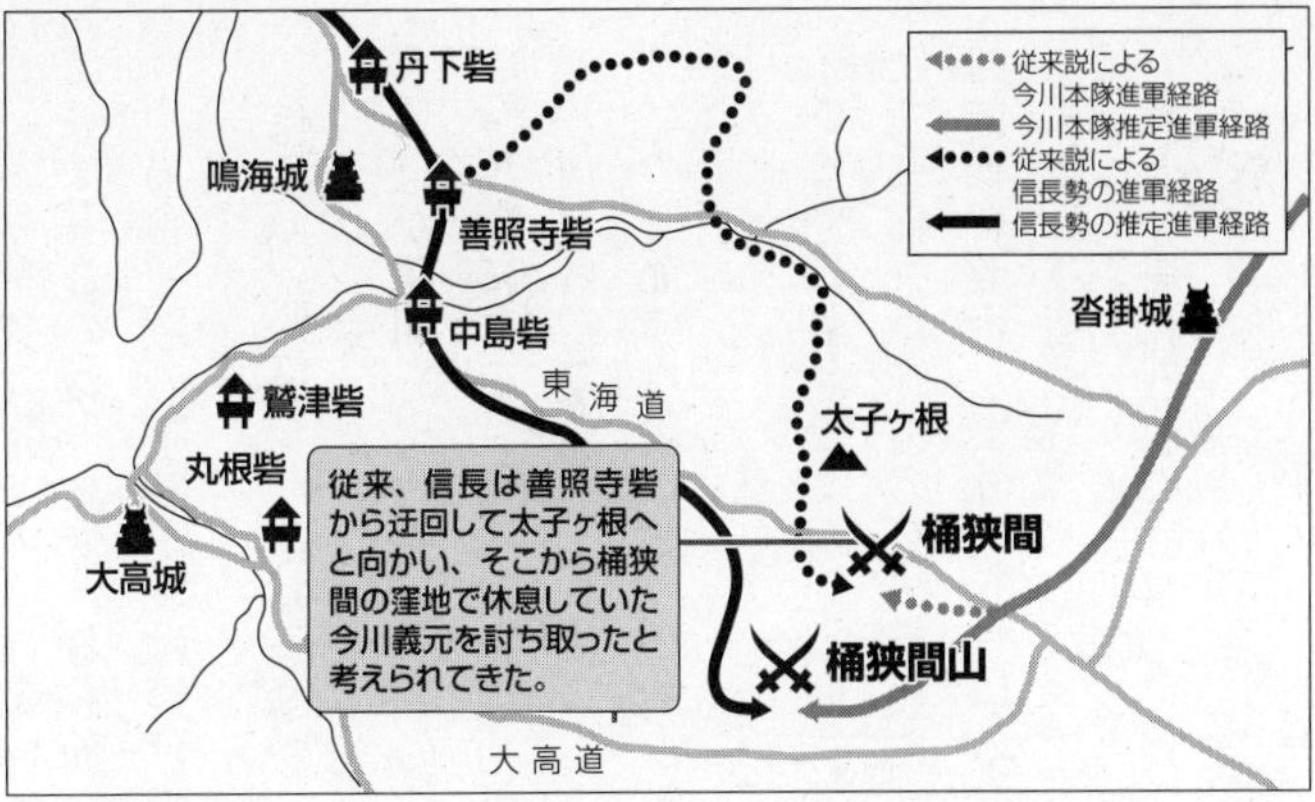

信長は情報収集に努めながら機を待ち、桶狭間で休息中の今川義元本陣を一転集中して襲撃。見事義元を討ち取った。

信長は、この報告を受けるも動かない。鷲津・丸根両砦の救援に駆けつけた場合、敵の本隊が駆けつけて挟撃《きょうげき》されることがわかっていたからだ。

信長が敢行した正面突破

信長が清洲を出たのは翌朝のことである。

今川軍による、鷲津・丸根両砦への攻撃が始まったとの報告を受けると、信長は、「人間五十年、下天《げてん》のうちをくらぶれば、夢幻のごとくなり」の一節で有名な謡曲の能「敦盛《あつもり》」を舞うと、馬に乗って城を飛び出した。

あまりにも急だったため同行できたのは五人の小姓だけだったという。ただし信長は味方の砦の救援に向かったのではない。逆に今川軍が二方面作戦を敢行して分散している今こそ、義元の本陣を突く絶好の機会だと考えたのだ。

信長は熱田神宮《あつたじんぐう》に参拝して丹下砦に入り、兵が到着するのを待った。ここでようやく二〇〇〇余りの兵が集合し、善照寺砦へ移っている。

一方、今川方では、義元が正午ごろ桶狭間山に着陣。早くも鷲津・丸根両砦を陥落させ、戦局が順調に展開するなか、同地にて休息に入った。

さらに今川の前衛部隊が、正面に展開する中島砦に攻撃を仕掛けた。

ここでついに信長が動く。義元の所在をつきとめた信長は、この後、善照寺砦から北側の丘陵を迂回して今川本陣を奇襲した、というのが、これまで通説として伝えられてきた桶狭間の合戦である。

しかし最近では、善照寺砦から最前線の中島砦に移ると、一気に今川の前衛部隊に襲い掛かったとみられている。五〇〇〇前後の今川軍前衛部隊に対し、織田軍はわずか二〇〇〇ながら精鋭の親衛隊である。たちまち勢いに乗って今川軍を押し返した。

不意打ちをくらった今川軍

信長の部隊と今川軍の前衛が接触するなかで、折しも天候が急変。強い風雨が兵たちを容赦なく打ち付けた。

しかし信長はこの風雨を幸運と捉えた。今川軍の前衛部隊を突破すると、風雨に乗じて一気に突き進む。中島砦の前面の桶狭間山にとりつき、山頂を目指して駆け上ったのだ。その先にいたのは、昼食休憩中の今川本隊だった。

朝の戦勝で油断していた今川軍は、雨が降ってきたところへ、いきなり織田軍の襲撃を受けたからたまらない。防戦は後手に回り、たちまち義元の本隊までが崩れた。この時、義元本陣の兵力は、織田勢とほぼ同数の二〇〇〇程度。もはや織田軍と今川軍に兵力の差はない。

むしろ、攻め込んできた織田軍のほうが士気が高く、優勢であった。義元の輿《こし》を守る旗本たちも追い詰められ、いつしか五十騎あまりへと減じた。かくして服部一安《はっとりかずやす》が義元に一番槍をつけ、毛利新助《もうりしんすけ》が首級をあげたという。

午後二時頃、桶狭間の合戦は五倍以上の兵力を有する今川軍の大将・義元の討ち死にという誰もが思わぬ形で結末を迎えたのである。

状況に応じて行なわれた適材適所の人材登用

――その後信長は、次第に大軍を率いるリーダーとなっていくわけですが、信長は人使い、人材スカウトの達人だと思われませんか。

津本　それは絶対にそうですね。信長はもとから器量の大きな人物だった。七〇人の部下を連れているときも、一万人の兵を連れているときも、十万人を連れているときも、同じ調子で部下を使う才能があります。

以前、二木さんからお聞きした話ですが、武田信玄がユニークな人材を家老に取り立てたとき、父信虎《のぶとら》が諸国放浪から帰り、信玄の取り立てた家老連中を見て、こんな家柄の連中をよくも家老にしおったな、わしが成敗してやると刀を振り回して暴れたというような史実があるわけです。

ところが信長は同時期に、才能があると見込めば放浪者でも泥棒でも構わずどんどん取り立てていく。

二木　やはり尾張統一から美濃攻略、さらに上洛、畿内平定という過程で、組織の拡大に伴って、人材をスカウトし、登用していく必要があったのでしょう。柴田権六《ごんろく》（勝家）や佐久間信盛《さくまのぶもり》といった代々の織田の重臣は、合戦は得意だけれども、あまり知恵がない連中が多い。ですから、秀吉が永禄元年から信長に仕えると、むしろ秀吉を重用《ちょうよう》する。秀吉などは浮浪者のような最低生活も潜り抜けてきている男ですね。

『武功夜話《ぶこうやわ》』が記しているような蜂須賀小六《はちすかころく》や前野将右衛門《まえのしょうえもん》が率いた川並衆《かわなみしゅう》も、いまで言えば暴力団のようなもので、敵の情報収集や寝首をかくようなことも、火つけ、強盗、何でもやるダーティーな連中です。

織田家の家臣だったらそういうことやりませんよね。そういう得体の知れない連中をも秀吉のパイプを通じて使っていく。結果的には、彼らの働きで洲股《すのまた》に築塁が叶ったことが、美濃攻略の大きな第一歩になるわけですね。

津本　川並衆は桶狭間の合戦で武功があったにもかかわらず、相応の恩賞が与えられず、しばらくの間は信長と絶縁状態にあったのですが、秀吉が上手に連絡を保ち、彼らに担がれるような格好になった。それがなかったらおそらく美濃は取れなかったと思いますね。

『下天は夢か』名場面

斎藤勢の攻撃は執拗にくりかえされたが、川並衆は三日のあいだ夜を日についで、寝る間も惜しみ立ちはたらき、馬柵をかため、矢倉をあげ、ついに築塁を成しとげた。

洲俣に突然築かれた塁は、昼夜兼行の普請によって塀や矢倉の白壁が塗りあげられ、武者長屋、厩《うまや》にいたるまで仕上げられ、七、八日のうちに城郭としての体裁をととのえた。

塁の前面に対峙する万余の斎藤勢は、思いがけない事態の進展に攻めあぐねるばかりで、ついに戦意を失ったように動きをひそめた。

――『下天は夢か』美濃　より

信長の人材活用術

羽柴秀吉の重用に代表されるように、家柄や出自に捉われず、実力次第で人材を抜擢した織田信長。しかし、人を見る目だけでは、天下をほぼ手中に収め、短期間で戦国を終息へ向かわせることはできない。

信長が部下との関係において、他の戦国大名たちから群を抜いていたのが、苛烈とも表現できる人材活用術である。

彼は、有能と見れば才能をすり潰すまでに使い続け、部下たちに持てる才能を極限にまで発揮させた。

しかも部下として扱ったのは、次世代を担う名だたる名将たちである。そうした人々を信長はいかにして不満を言わせることなく活用したのだろうか？

この疑問を解くために、信長の人材活用術を探ってみよう。

計算された残酷さ

二木　信長の独創性、合理性はあの時代では突出していて、中世日本人の感覚にはないものがあります。ですから、現在の会社組織になぞらえて言えば、信長社長は織田カンパニーの中間管理職や役員連中のアイデアなどもとからあてにしていない。だから会議とか稟議《りんぎ》とかいうものは存在しない。彼らは信長の命令を全社員に伝達するための道具であって、一面で言うとそれが不満になってしまうところがありますね。

津本　組織がシンプルで、その組織も信長の命令一下、さまざまに編成し直され、いつも流動的ですね。中間管理職とは名ばかりで、単なる手足にすぎない。

二木　だから取締役クラスの武将がいても、ほとんど権限がない。みんな本社の信長社長に顔を向けた支社長のようなものです。たとえば、滝川一益《たきがわかずます》は関東支社長、柴田勝家は北陸支社長という具合で、明智光秀や秀吉も同様です。いずれにしてもたいした権限を委譲されていない。何か事あれば信長にお伺いを立てて、信長の言うとおりにやる。あるいは信長の直臣《じきしん》が御意向を告げに来る。超ワンマン経営者だったわけですね。ときたまその意向を無視するのは秀吉ぐらいなものです。

津本　秀吉は信長にコツンとやられそうになるんだけれども、うまいこと逃げますね。

二木　秀吉は命令違反をやって、信長が怒っているときは近寄らず、褒められそうな手柄を立てると戻って来る。普通なら命令違反で首が飛んでしまうケースでも、秀吉にはそれをカバーして余りある才能があり、必ず実績を上げる。だから秀吉ほどの才人は信長について行けても、光秀のような所詮支社長クラスの能力の人では行き場がなくなってしまう。

津本　信長は成功した部下には役職にかかわらず、さらに大きな仕事を与え、失敗したものは躊躇《ちゅうちょ》なく降格させる。信賞必罰《しんしょうひつばつ》がはっきりしているし、徹底した実力主義を貫くわけです。

二木　そうですね。信長は確かにワンマンで、独裁者でもありました。しかし、見方を変えれば、秀吉や家康にしても、あの時代に独裁的でないリーダーなど存

本能寺の変直前の織田軍団編成図

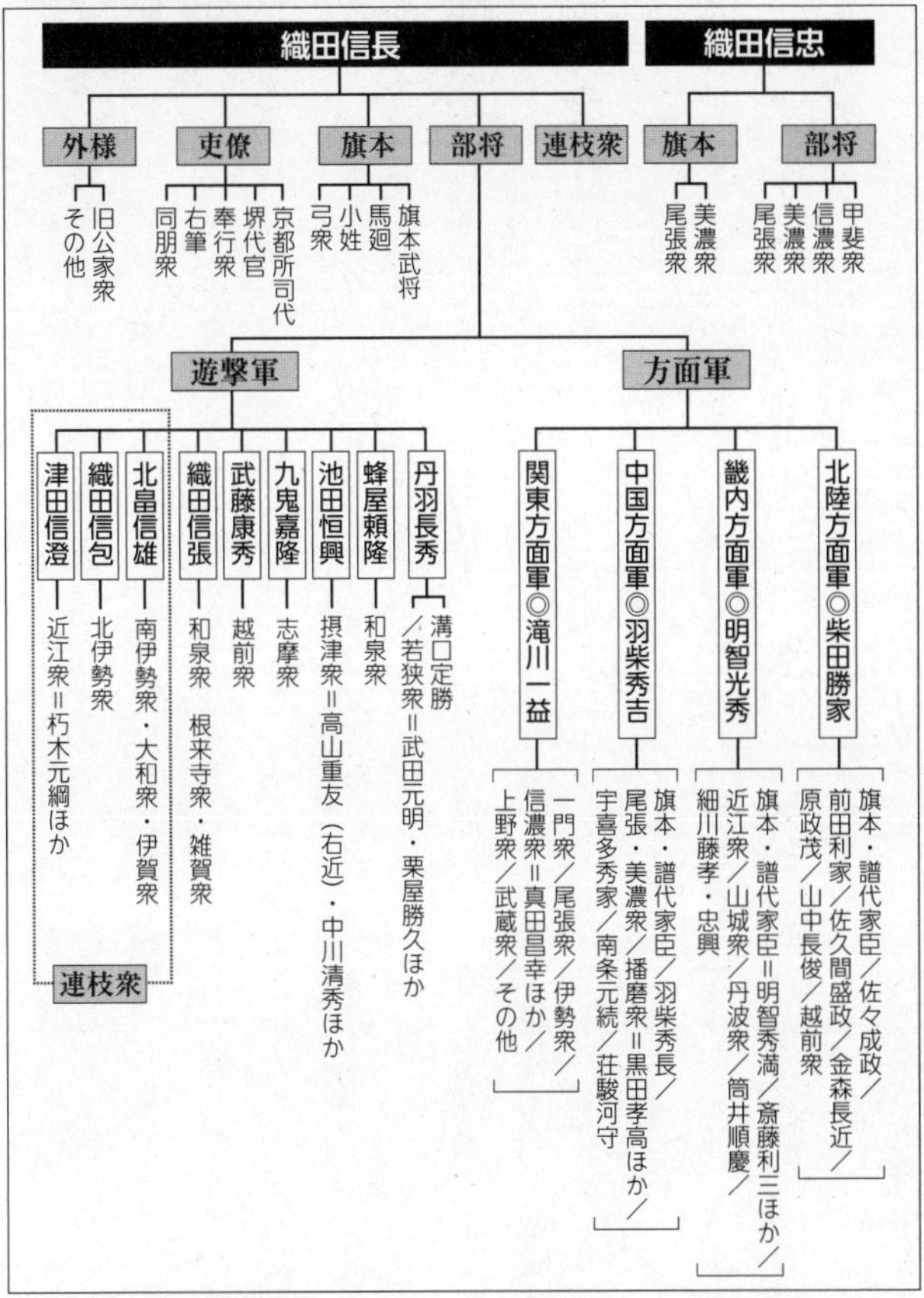

織田軍団は信長直属の部隊のほか、有力な部将たちによって統率される、方面軍および遊撃軍から成っていた。本能寺の変直前には、遊撃軍を中心に四国討伐軍が編成されている。

在しなかったとも言えます。

よく家康は組織のリーダーだと言われますが、それは誤りで、将軍職を譲り、駿府に退いてからも実際は重臣たちを差配していた。

人使いでも、たとえば秀吉は肉親が少ないということも影響しているのでしょうが身内に甘かった。弟秀長《ひでなが》は別にしても、あとはただ秀吉の身内であるということで、たいした能力がなくても高禄《こうろく》を与えた。しかし信長は身内に対しても実力主義を貫き、優遇はしていません。

津本　譜代《ふだい》の家臣でも、一定の能力がなければ取り立てないですね。信長のように、困難な状況であるほど、より大きなエネルギーを発するような人物でなかったら、あの時代は変革できなかったんでしょうし、またそういう自分についてこられる部下を掌握してしまうカリスマ性のようなものが不可欠だったのでしょう。

二木　信長はほとんど独裁的な権力を掌握し、専制君主ぶりを発揮しますが、一方で、多くの部下をどう配置し、どう使っていくかということに細心の注意を払っている。人材活用の名手でもあるわけです。

それに、決して組織を軽視していたわけではない。信長の家臣に対する態度はものすごく厳しく、わずかな怠慢も絶対に許さない。また、「一銭斬り」といって、たとえ一銭でも盗みを働いた者は理由の如何にかかわらず極刑に処した。しかしこうした厳罰主義も、組織の規律を守るためです。そして、信長の偉いところは、そこに私情を挟まない。

津本　そうなんですね。ほかの大名は私情私怨を優先させますが、信長の厳罰には周囲の者が納得できる理由があります。たとえば比叡山延暦寺《ひえいざんえんりゃくじ》の焼き討ちをしたとか、一向宗徒《いっこうしゅうと》を虐殺したとか、荒木村重《あらきむらしげ》の主だった家臣の女房をはりつけにしたり、召使いの女たちを焼き殺したりしたとか、それがものすごく残虐なことのように言われますが、実はあの時代にはそれがやむをえない合理的かつ効果的な治め方だったわけですね。それによって戦乱がはやく終熄《しゅうそく》し、人命の損害が最小限に抑えられたのですから。

『下天は夢か』名場面

信長は声もなく眼を伏せる諸将を眺めわたし、言葉をつぐ。

「儂がこのたび王城の鎮守を焼ききよむるは、去年越前衆在陣のみぎり、雑兵ならびに馬の不浄にて、際限もなくけがれはて、禽獣肉食《きんじゅうにくじき》の残汚《ざんお》いまだに聖地にのこるゆえだでや。はたまた堅田の合戦で坂井政尚ら討死にいたせしとき、越前衆《えちぜん》はその首級一千余をば山門に持ちかえり、首実検いたしただわ。これに加うるに山門売僧ども、年来女人を養い、懐妊、月水《げっすい》などの不浄きわまりなし。これらの神慮をおそれぬ汚穢《おあい》をば消滅いたし、諸社を炭灰といたすは、天意によっての儂がつとめだでや。者ども、先を競いおうてあいつとむるがよからあず」

――『下天は夢か』叡山焼討　より

信長の派閥対策

組織において一定の人数が集まれば、やがて利害が一致する者同士が集まって派閥《はばつ》ができる。

織田軍団においてもそうした状況は同じで、所領が広がるに従って、合戦での功績により恩賞を得て力を持った家臣同士たちが集まり、派閥が形成され内紛が起こる可能性も高かった。

だが、織田軍団においてはそうした事態は起こらず、本能寺の変に至るまで各軍団長はひたすらに信長の指示に従い、競い合うかのように奮闘し、所領を広げていった。結果、まったくといってよいほど激しい内部対立は起こらなかった。

果たして信長は大組織の弊害ともいえる派閥の形成に対し、どのような対策を講じ、織田軍団の結束を保ち続けたのだろうか？

派閥争いが起こる組織　起こらない組織

二木　信長は潔癖主義者ですから、部下の処遇には多少常識を超えたものもありますが、その根本は周囲の者の理解を得られる範疇にあったと思います。ところで、信長の領国、というより信長の時代には、家康はもちろん秀吉の時代の前田《まえだ》利家《としいえ》や毛利輝元《もうりてるもと》、上杉景勝《うえすぎかげかつ》といった一〇〇万石を超えるような大大名がいません。そういう大大名をつくる前に本能寺で死んでしまうということもありますけれど、それにしても畿内周辺を押さえていた時点で、たとえば秀吉は長浜《ながはま》十二万石程度ですね。

津本　そのなかではおそらく明智がいちばん大きな所領を与えられていたと思いますが、それでも三十四万石にすぎない。柴田勝家、丹羽長秀《にわながひで》なども大したことはないですね。

二木　禄高はすなわち給料ですから、年功序列であれば柴田のような尾張時代からの宿老《しゅくろう》はもっと禄高があってもおかしくない。

本能寺の変直前の織田軍団配置図

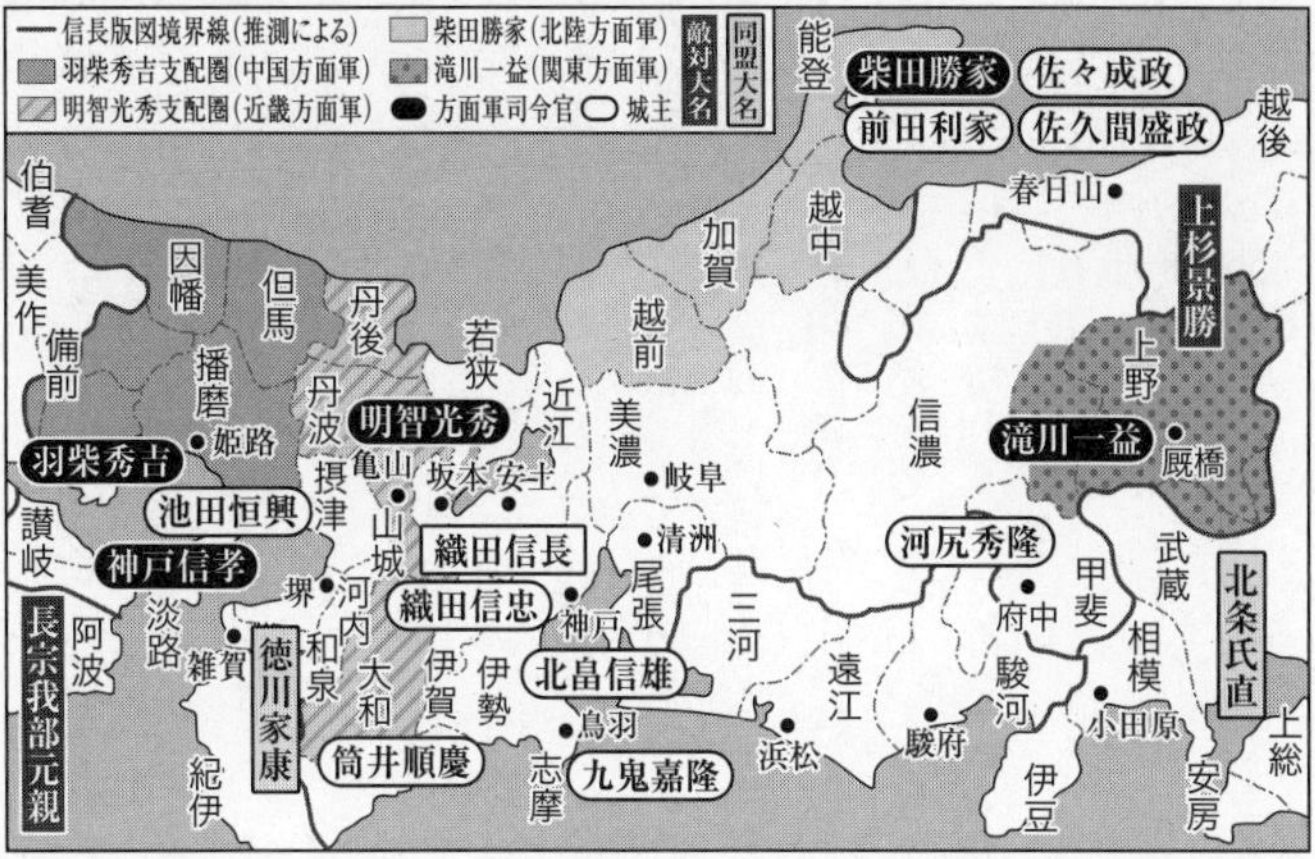

本能寺の変の直前、羽柴秀吉、柴田勝家、滝川一益といった有力な軍団長は各方面に散っていた。このうち羽柴秀吉だけが後方を巧みに鎮めて畿内へ引き返し、主君の仇を討つことに成功する。

しかし、古い家臣だからといってそれだけの理由では禄高をやらないのが信長流です。とにかく手柄を立てて、実力を示して、業績を上げなければ禄高も上がらない。しかも失敗すれば削られてしまう。おそらく古い家臣たちにしてみればいろいろ不満も多いと思いますね。

津本　日本の企業社会ができてからいまがいちばん社長とヒラとの格差が少ない時代だそうですね。昭和の初めだとヒラのサラリーマンと、たとえば三井とか三《み》菱《つびし》の社長と言われる人との給料の差は約一〇〇倍あったそうです。それがいまは五倍だそうですから。たとえば課長になっても、責任や仕事量は倍増しても給料は倍にならない。むしろいまは若い人が部課長クラスに同情しているんじゃないですか。新入社員のほうが自由に使える金が多いぐらいでしょう。

二木　秀吉は大大名をたくさんつくりすぎた。大盤振る舞いでどんどん重役を作ってしまった。禄高の多い大名をいくつもつくれば、やはり内紛が起こったり、派閥ができたりする。

津本　信長の時代には派閥がありませんね。信長が完全に押さえてしまっています。それに、信長の場合は家来に俸禄をたくさんやるかわりに軍備拡充に金を使っていたんじゃないでしょうか。会社でいえば業容拡大のための投資には惜しまず資金を投入した。それに、その後各地で地侍《じざむらい》が反乱を起こしたりしていますから、領国石高何万石を与えるといっても、安堵されていたわけではありませんね。

二木　やはりその方面の土地を与えられた大名の力量です。そういう国人《こくじん》や反乱分子も一括して自分の家来に入れ込むことができるかできないかです。いまから思うと、むしろ秀吉も信長流に大大名をつくらず、小大名にしておけば家康に乗っ取られずに済んだかもしれない。その点家康は信長と秀吉のやり方を見ていて、高禄を与えられた外様《とざま》や譜代《ふだい》の大名はいますけれども、中央の政治には関与させていません。NHKの大河ドラマ「春日局《かすがのつぼね》」を見てもわかるように、たとえば土井利勝《どいとしかつ》や本多正信《ほんだまさのぶ》などの官僚はみんな小大名ですよね。

津本　彼らは十万石以下ですね。

二木　多くは二、三万石程度の大名が幕府の要職、たとえば老中ならば老中として、政務をつかさどる期間だけは足し高、いわば役職手当、職務手当のようなものがつくわけですが、役職から離れれば元の小大名です。江戸時代を通じてそういう制度が保たれた。秀吉の時代も奉行人は石田三成《いしだみつなり》以下禄高は多くありませんが、徳川時代ほど徹底していない。そうしてみると、信長、秀吉、家康はいずれもワンマン社長でしたが、秀吉は身内を優遇した親族会社、家康は上場会社、信長は新進気鋭のベンチャー会社ということになるんでしょうか。

『下天は夢か』名場面

「うむ、そのほうが申し条、もっともだわ」

信長は光秀が気にいった。

――こやつは利発者だわ。新公方を入洛させ、将軍の座にすわらせるまでには、幕府が長袖《ちょうしゅう》どもとかけあい諸々の用向きをいたす者がおらねばならず。こやつを召しつかえば、諸事手まわしよく運ぶであらあず――

信長は光秀の涼しい双眸《そうぼう》を見すえて、告げた。

「そのほう、いまより儂が家来となれ。知行はさしむき、朝倉が分と同様、五百貫だで。その後は、はたらきによりいかようにもいたしてくるるだわ」

光秀は、畳に額をすりつけ礼を述べた。

「お手あつき思し召しがほど、恐れ多うございまする。お殿さまがご諚《じょう》、つつしみお受けいたしますれば、今よりのちは粉骨して犬馬の労もいといませぬ」

光秀は、信長に気にいられ安堵しつつも、常人のものではない、粘りつくような猜疑《さいぎ》にみちた視線に射すくめられ、全身に汗をかいていた。

――『下天は夢か』上洛　より

信長の経済政策

戦国時代の日本では、諸大名や公家《くげ》・寺社などが水陸交通の要衝に関所を設けて、津料・関銭といった通行税を徴収し、物流に大きな障害をもたらしていた。また、寺社が油や塩などの販売権を押さえるとともに、古くからの同業者組合「座《ざ》」が各商品の販売を独占していた。

そうした流通・商業の閉鎖的な状況を大きく変えたのが、楽市《らくいち》・楽座《らくざ》である。信長は自由で平等な商取引を認めるこの政策を、岐阜や安土をはじめとする領国内に浸透させるとともに、関所を積極的に撤廃して、人と物の移動を活発化させ、経済を大きく発展させた。

では、信長の独創性を象徴し、流通革命とも呼べるこれらの経済政策を二木・津本両氏はどのように見たのか？

中世を近世に転換させた大功労者

津本　上洛後の信長の政策にも目を見張るものがありますね。なかでも私は関所の撤廃を評価しているんです。これには二つの意義があった。

一つは経済的な側面。当時、奈良から京都を経由し、美濃の明智に至るあいだに十八の関所があり、荷物二荷を持つ二人の旅人が、合計一貫四九六文の関銭を支払わされたという記録があります。信長は商業の発展が領国を繁栄させることを知っていました。楽市・楽座も同じ理由です。

二つ目は、既存の権益が撤廃されて、地侍が直臣となって食い扶持《ぶち》を得ざるをえなくなった。信長がその直臣団を組織して天下政権を打ち立てた。誰に教わったわけでもないのに、地侍から領地の支配権を奪う妙案を考え出したわけです。

二木　信長の考え方は伝統や権威に捕らわれず、理詰めでありながら独創的。アイデアとか発想が傑出しているので、周囲の人間のアドバイスもあまり役に立ちません。

津本　戦国大名はそれまで、敵の侵入を阻むために道路や橋を潰すのが普通でした。

ところが信長は反対に、軍勢の移動、兵站《へいたん》への補給を考え、天正二年には尾張領内、翌三年には美濃から京都に向かう中山道《なかせんどう》の改修を進め、本道三間半（約六・四メートル）、脇道二間半（約四・六メートル）、道路の左右には柳、桜の街路樹をつらねた並木道を出現させる。

また、城下町にもどんどんよそ者を寄せる。これも普通はスパイが潜んでいるからといって排除してきた。信玄も謙信《けんしん》も松永久秀《まつながひさひで》も三好長慶《みよしながよし》も、だれも手をつけなかったこと、考えも及ばない施策をやります。信長は日本社会を活性化させ、中世を近世に転換させた最大の功労者と言っていいと思うんです。

『下天は夢か』名場面

信長は、美濃攻略の拠点とした小牧城を棄て、稲葉山への移住に着手した。自らの一族をはじめ、家臣とその妻子らをことごとく尾張から転居させる。

城下町の急速な発展をはかるために、稲葉山城下の加納市場を、楽市場《らくいちば》とする制札を発した。

「　定《さだめ》

一、当市場に越居《おっきょ》の者、分国の往還にわずらいあるべからず。ならびに借銭、借米、地子《じし》、諸役は免許せしめおわんぬ。譜代相伝の者たりといえども違乱あるべからざるの事。

一、押し買い、狼藉、喧嘩、口論すべからざるの事。

一、理不尽の使いを入るべからず。宿をとり、非分を申し懸くべからざるの事。

右の条々、違背の輩においては、すみやかに厳科に処すべきものなり。よって下知くだんの如し。

永禄十年十月日　信長」

楽市場制札の意は、つぎのようなものである。

「加納市場に移り住む者は、信長領地内を自由に通行させる。また借金、借米、借地料そのほかの諸税負担は、一切免除する。織田家譜代の臣といえども、制札に反して圧迫を加えてはならない。また権力にものをいわせての売買行為、狼藉、喧嘩、口論、不法な用件の使者を市場に入れ、宿をとらせて横暴をはたらかせてはいけない」

　城下町を発展させるには、市場に定められた座をもつ商人たちに、商工業の独占を許してはならなかった。

　平安の末期からのち、諸国の市場は寺社、公卿によって商いの権利を与えられていた。市場において、ある商品の売買をおこなおうとすれば、本所と称する寺院、公卿の許可を得て、「座」という組織に入らねばならなかった。

　座商人は「座」の権利を保護されるために、座銭というものを本所に納めていた。

「座」の権利は、米座、麴《こうじ》座、酒座、魚座、連尺負いの座、油座、紺灰座などあらゆる商品に及んでいた。

　信長は市場を「座」の制度から開放し、自由な取引をおこなわせ、商業の繁栄によって自らの政権の基盤を強化しようと、はかったわけであった。

――『下天は夢か』上洛　より

楽市・楽座

――信長が元祖ではなかった戦国の画期的な経済政策――

織田信長は、領国内の関所を廃止し、城下町の同業組合「座」の特権を撤廃し、自由な商売を可能にして経済の活性化に努めた。これが「楽市・楽座」である。

一般に信長の独創によるものと思われがちだが、じつは楽市・楽座の布告は信長が初めてではなく、天文十八年（一五四九）に近江の六角氏が観音寺城の城下町に楽市令を敷いたのが記録上の初見とされ、今川義元や斎藤道三も実施したという。さらにそれ以前から、自治都市などでも行なわれていたという。

じつは戦国大名が楽市・楽座を推進したのは、経済発展だけではなく、情報を集める目的もあった。

信長が鉄砲に代表される最新の兵器を取り入れられたのも、情報収集の賜物にほかならない。こうして得た情報を信長が有効に活用したため、信長の政策として印象づけられていったのだろう。

天文18年（1549）に六角定頼が楽市令を布いた近江八幡市の石寺集落。（近江八幡市役所提供）

信長流部下の使い方

有能な部下を才能がすり潰れるまで使い込んだ信長。そうした人材活用法は部下の能力を極限にまで引き出すこととなった。

しかし二木氏は、同時にそうした苛烈な部下活用は、次第に恐れを抱かれるようになったと語る。

そしてその恐怖は、最も信頼していた管理職のひとりである明智光秀をノイローゼへと陥らせ、ついには謀反へ走らせる悲劇を生むことになったという。

では信長の人材活用の功罪とは何か？

信長が駆使した精鋭主義の人材活用術のもとで徐々に追い込まれ、本能寺の変へとつながったという、最も優秀な管理職・明智光秀の心理の変化を探る。

信長が貫いた精鋭主義の悲劇

津本　人使いの点で、信長はやっぱり精鋭主義というんですか、僕は業績に一番正確に報いたのは信長だと思うんですけどね。

二木　ふーむ。

津本　そういう点では、信長の人使いは物すごく荒いというんですか、光秀やら秀吉やらはもう転々とあっちこっち飛び回らされています。ああいう使い方をしてもやっぱりみんな働くというのは、けちだと言う人もいますけれども、いっぱい報酬を与えているからですよね。その点では、信長は秀吉と比べて人使いが下手であったとはちょっと考えられないんです。

二木　確かにそうですね。信長と秀吉の違いは、単に人使いがうまい下手というのとは何かレベルが違うという気がします。信長は、言うならば、非常に秀才、天才的な頭脳を持っていて、あんまり家臣の言うことを聞いたり、それに従ったりとかっていうことがない。もう、頭が良すぎて、下がついていかれない。レベルが違うというところがある。

しかし、秀吉のような者を見事に使うわけですよね。北陸の柴田勝家にしろ、関東の滝川一益にしろ、近畿の明智光秀にしろ、丹羽長秀にしろ、みんなそれぞれに役割を持たせて、しかも、光秀と秀吉を競わせていくようなところも見えるけれども、しかし、その秀吉をうまく動かしている。そして、竹中半兵衛を与力《よりき》としてつけてやる。欠けている部分を補ってやる。それも信長がうまく使っている。そして、家柄、門閥《もんばつ》とは関係なく新しい人材を登用していく。それはもう、信長の人使いとも言えると思うんです。

では、そうした信長の人使いを家臣たちはどのように見ていたのだろうか？

冷酷さとやさしさと

津本　まずは怖い人物だと思っていたでしょう。だから家臣はいつでもピリピリしている。ただ、信長は愛すべき存在ではありませんが、信頼すべき主人でした。

この男にぶら下がっていれば破滅することはないという信仰心みたいなものを彼は集めていたと思います。

二木　管理職は怖くてしようがないが、ヒラの下級武士であれば自分の首が飛ぶことはないから信頼できる。

津本　そうですね。あの当時、下級武士が恐れていたのはトップの判断ミスで戦に負けて犬死することです。その点でも信長への信頼は厚かったと思います。

二木　いまは首相ですら人気が指導力の一部として評価される。それも政党内部の人気だけではなくて、国民の人気まで気にしなければならない。信長の時代は家臣全体のなかでどれだけ人気があるかが指導力になってくるわけですね。幹部クラスは反対に信長が怖くてしようがない。秀吉ですら内心は相当怖かったかもしれないけれども、怖くないふりをしていた。あとは光秀でも柴田でも佐久間でも、みんな恐れているわけですね。

ところが、たとえば私が織田家の足軽《あしがる》になったらという気持ちで考えたら、信長は戦争に行けば絶対に負けることがないから自分は死なない。だから安心していられる。それに、信長はハンサムだし、おしゃれだし、恰好いい。足軽や下級武士の家族も含めて、信長への信頼は厚かったでしょうね。

津本　信長に人がついていったのは、それだけのカリスマ性、あるいはリーダーシップというかチーフシップがあったからです。中間管理職の連中の存在を無視して、ロボットのように扱いますが、一生懸命になって働いていれば必ずそれを評価し、認める懐の深さがあった。単なる独裁者では組織はバラバラになっていたはずです。

二木　そうですね。『備前老人物語』のなかにこんな話があるんです。一向一揆を鎮圧するときにある侍が北に向いたまま兜《かぶと》の緒を締め直すんです。そうすると、北を向いたままで兜の緒を締めるのは不吉なことで、タブーなんだ、そんなこともおまえ知らないのかと周りから言われて困っている侍を、信長は微笑んで、一揆との戦いではどちらから敵が来るかわからないから、そんなことは気にせんでいいと言ってスッと救ってやる。

声をかけられた侍は非常に喜んだと思うんです。しきたりと違うからだめだと言ったのはむしろ中間管理職で、信長にはそういう緊迫した場面でも人に対する思いやりがあった。信長というと非常に冷酷だというイメージがありますが、決してそれだけではない。

津本　この小説（『下天は夢か』）を書いて思うのは、あの時代の常識から考えて信長は冷たい人間ではない。むしろ、そうした人心を摑むといった微妙なところの平衡感覚に優れた人であったということです。領国経営の達人であったのも、どうすれば人を治められるかということを熟知していたからで、冷酷非道な振舞いも、それが人心に与える影響を計算できたうえでのことだと思うのです。信長があれほど勢力を拡大できたことが、言ってみれば、人に慕われる要素を備えていたことの証明でしょう。

二木　肉親の情に薄いとか、愛情がなかったとも言われますが私はそうではないと思います。たまたま妹お市《いち》が嫁いだ浅井長政《あざいながまさ》を殺し、娘の徳姫《とくひめ》も清洲同盟のくさびとして利用し、結局は夫の徳川信康《のぶやす》を殺すことになってしまいますが、ほかの娘たちはみんな有力な家臣や公卿に嫁いで、おそらく幸せな家庭をつくっているでしょうし、政略結婚ではありませんね。

それに、信長が生きている間は傷心のお市を結婚させず、そっとしておきますよね。あるいは徳姫だって信康が築山殿《つきやまどの》の事件で殺されて、離縁して里帰りしてくると、化粧料《けわいりょう》というかたちで三〇〇〇石を与えて生活費の面倒を見てやっています。

本能寺の変は何故起きたか？

津本　信長の殺戮《さつりく》にはいずれも理由があるのですが、側近《そっきん》の者にもなかなか理解してもらえないわけですから、後世の人が見るとどうしても誤解されてしまう。特に、本能寺での最期が光秀の裏切りだったため、ほら言わんこっちゃないとなるわけです。しかし、私は信長に一時的な怒りを解消するために暴挙をはたらく狂暴性のようなものをほとんど感じません。

二木　私も『下天は夢か』を読んで、信長はそんなに冷たい人間じゃない、本当に冷酷だったら部下がついてくるはずがないということをあらためて納得しました。本能寺の変にしても、光秀は左遷させられた、窓際族に追いやられた管理職であり、現代でいうノイローゼだったと思います。それはいつの時代にもあることで、信長の冷酷さを非難する対象にはできないことです。強力なリーダーシップをもった人というのは、反乱、反逆、クーデターで倒されるというのが、むしろ世の一般的ケースではないでしょうか。

津本　ただ、本能寺の変については、ノイローゼになった光秀のクーデターということだけでは説明がつきませんね。

二木　そうですね。それに信長も死ぬ間際には多少精神的に異常になって、判断力が鈍っていましたね。これは秀吉だって家康だって同じですが、あれだけ長い間トップの位置で緊張感のなかに置かれてると、その重圧に耐えられなくなる感じがあるんでしょう。秀吉などは最期はもう六十二歳ですから、完全にボケていましたね。信長は四十九歳だからまだボケてはいないけれども、やはり精神に異常をきたしていたように思われます。

たとえば、領国内の家臣や民衆に正月安土城詣《あづちじょうもう》でを強制して、賽銭を持って来させ、それを受け取って後ろに放り投げ、自分を神だと拝ませたりする。短期間のうちに頂点を極めて、軍事、政治、経済、あらゆるものが自分の思うままになったら、これは惑いますよね。

津本　信長は、昔ほど働けなくなってしまったけれども、部下の能力を見抜く目、見識があったのですが、堀秀政《ほりひでまさ》や長谷川秀一《はせがわひでかず》などのお側衆がマイナス情報に蓋をして、信長に伝わらないようにしてしまい、信長の目がだんだん狂ってきた。そういう面もあって、あの用心深い信長が、わずかな供回りだけをつけて本能寺でお茶会を催すわけです。

信長は光秀を四国攻めからは外しましたが、近畿の代官的な存在として依然高い地位に据えている。だから光秀は反逆しないと思っていただろうし、光秀にも反逆するつもりはなかったのではないかとすら思うのです。

では、誰がいちばん信長憎しと思っていたか。それは朝廷だと思うんです。信長は官位など要らないと言って、その代わりに暦の改正を迫る。朝廷としては、官位は要らないと言うのはすなわち、自らの権威、存立基盤を否定されたことになるわけですから、相当狼狽《ろうばい》したはずです。実は小説の最後の結論をどうするかについて散々悩みまして、二木さんのお知恵を拝借したんですよね。

信長のもとで酷使されてきた光秀にとって、もはや信長は恐るべき存在でしかなかった。畿内周辺の抵抗勢力をほぼ一掃した天正八年（一五八〇）には、ともに天下統一の戦いに邁進してきた林秀貞《はやしひでさだ》や佐久間信盛といった譜代の家臣たちが、信長の勘気を受けて追放されている。些細な失敗でいつか自分も同じ目に遭うのではないか……。そうした不安に取りつかれた光秀がノイローゼ状態になってもおかしくはない。

かくして明智光秀と織田信長は、天正十年（一五八二）六月二日を迎える。

『下天は夢か』名場面

亀山から二里の老《おい》の坂を越え、さらに一里を進み沓掛《くつかけ》で休息をとったのち、平地に出て東進し、桂《かつら》川に至ったとき、全軍に戦支度の命令が出された。鉄砲足軽は火縄に点火し引き金にはさむ、合戦準備である。そのうえで物頭が馬を躍らせ、全軍に触れてまわった。

「今日よりしてわれらが殿は、天下様におなりなされ候あいだ、下々草履取《ぞうりとり》りに至るまで、勇みよろこび候え」

光秀は先手に腹心の天野源右衛門を出した。味方のうちから本能寺に内報する者がいるときは、斬りすてさせねばならない。
全軍は六月二日の夜明けまえに京都に入り、空が白みはじめる刻限に本能寺を囲んだ。

――『下天は夢か』本能寺　より

本能寺の変

――天下統一を目前に控えた織田信長の野望を打ち砕いた股肱《ここう》の臣の謀反――

天正十年（一五八二）五月、織田信長は東海・畿内を掌中に収めて他の大名を圧倒する勢力を築き、天下統一を目前にしていた。

そこへ中国地方の毛利攻めを担当し、目下、備中高松城《びっちゅうたかまつじょう》を水攻め中の羽柴秀吉から救援の要請が届く。

信長は、駿河拝領の御礼言上に訪れていた徳川家康の馳走役に任命していた明智光秀に、急遽備中への出陣を命じ、自らも出陣することに決めた。

信長は五月二十九日、わずかな供を連れただけで安土城を出発し、その日のうちに京都での定宿本能寺に入った。本能寺は堀と土塁に囲まれた堅牢な造りの城郭寺院であるものの、この時の供の人数はわずか五〇～一〇〇人程度だったという。戦国大名の供としてはいささか少なすぎるが、天下統一を目前に控えた信長としては、謀反など起こりようもな

本能寺に至る明智光秀の経路

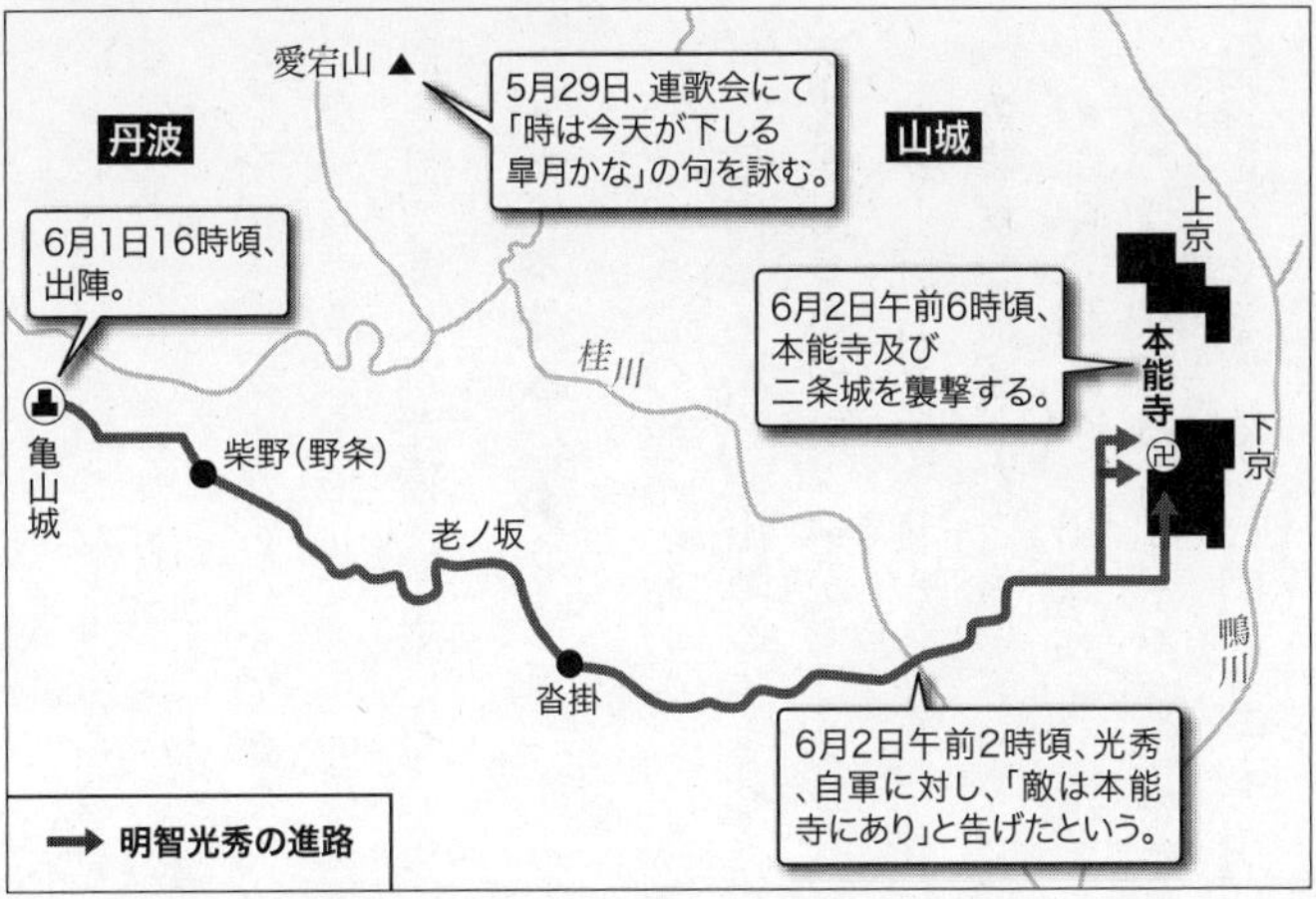
愛宕山
5月29日、連歌会にて「時は今天が下しる皐月かな」の句を詠む。
丹波
山城
6月1日16時頃、出陣。
上京
6月2日午前6時頃、本能寺及び二条城を襲撃する。
本能寺
桂川
亀山城
柴野（野条）
下京
老ノ坂
鴨川
沓掛
6月2日午前2時頃、光秀、自軍に対し、「敵は本能寺にあり」と告げたという。
明智光秀の進路

いという過信があったと考えられる。

翌日の六月一日、信長は博多の豪商島井宗室《しまいそうしつ》のほか、近衛前久ら公《く》家衆《げしゅう》を招き、安土から運んできた九十九茄子《つくもなす》など多くの名物茶器を披露しながら大茶会を催した。その後は酒宴が続き、深夜遅くまで囲碁の対局を見て楽しんだ信長が床についたのは、夜半過ぎだったという。

「敵は本能寺にあり」

一方、秀吉の援軍を命じられた明智光秀は十七日には安土城を出て、丹波《たんば》亀山城《かめやまじょう》へ戻り、出陣準備を整えていた。その過程でどういう心境の変化があったのか、定かではない。

しかし五月二十七日から翌日にかけて愛宕大権現《あたごだいごんげん》に参籠《さんろう》した折、信長への謀反を決意したともいう。そして六月一日の午後四時頃、光秀は配下の部隊に備中への出陣を命じた。

この時、夕刻の出陣を不審に思った家来たちに対しては、「信長公に軍装を見せるため京に向かう」と説明して安心させたという。

では、光秀は謀反の意志を家臣にいつ告げたのか。それは、午後八時頃、野条（亀岡市篠町）付近で一万三〇〇〇の軍勢が揃った時といわれている。

謀反を告げられた重臣たちが衝撃を受けたか、予想をしていたかは分からない。反対した者もいたかもしれないが、光秀の決意は固かった。信長へ通報する者がないよう家臣の一人を先発させて監視するなど、着々と手を打っていく。

明智軍は老ノ坂《おいのさか》を経て沓掛《くつかけ》へと至り、二日の午前二時頃、桂川《かつらがわ》を渡り終えたところで、鉄砲の火縄に火をつけさせ、臨戦態勢に入った。

ここで光秀はついに「敵は本能寺にあり」と全軍に号令を下したという。

この後、明智軍は数手に分かれて信長が宿泊する本能寺に向かい、寺を取り囲んだと見られている。

「是非に及ばず」

辺りが白みかけた午前六時頃、光秀がついに本能寺突入の号令を下す。明智軍が一斉に本能寺に突入した。本堂に放火してまわりながら、信長が寝所にしている奥書院へと突き進んだ。

ただならぬ物音に目を覚ました信長は、当初は家臣の喧嘩《けんか》かと思っていたという。まさか京都で自分が襲撃されるとは思いもよらなかったのだろう。しかし鬨《とき》の声に謀反であることを知った。

「誰の謀反か?」との信長の問いに、小姓の森蘭丸が「明智でございます」と告げる。この時信長は「是非《ぜひ》に及ばず」と言ったという。これは光秀ならばぬかりはなく、もはや仕方がないという意味だったといわれている。

実際、数に勝る明智軍は信長の護衛を次々と討ち取り、信長のいた書院に押し寄せた。

『信長公記《しんちょうこうき》』によると、信長は弓矢を放ち、続いて槍に持ち替えて戦ったが、肘を切りつけられてしまう。

もはやこれまでと観念した信長は、「女は急ぎまかり出でよ」と女性たちを退去させた。そして奥の納戸へ入って内側から錠をかけると、自刃したと伝えられる。

本能寺は業火に包まれ、信長の遺体は骨ひとつ見つからなかった。

その頃、妙覚寺《みょうがくじ》に泊まっていた信長の長男信忠《のぶただ》は、本能寺陥落の知らせを受け、隣接する二条御所《にじょうごしょ》へ移った。

信忠は、明智軍の猛襲を受けると、まず二条御所にあった誠仁《さねひと》親王とその皇子を内裏へ避難させた。親王の御動座が終わると、明智勢の攻撃に対し、五〇〇人ほどで防戦したが、衆寡敵《しゅうかてき》せず、自刃して果てた。

こうして一夜にして信長の野望はついえたのである。

配下の並みいる武将のなかでも最も早く十万石の大領を与えられて統治を任されるなど、信長が信頼していた光秀がなぜ謀反を起こしたのか。

その理由については、信長への怨恨、天下への野望、または黒幕がいたという説など諸説挙げられてきたが、はっきりしていない。

明智光秀が本能寺の変を起こした理由については、今なおもって不明である。二木氏の唱えるノイローゼ説のほかにも、怨恨説、黒幕説など諸説が挙げられ、戦国史最大の謎のひとつともなっている。

では、この謎について歴史学者と作家という双方の立場から、両氏はどのような推理を行なったのだろうか？

根強い怨恨説を斬る

津本　『川角太閤記《かわすみたいこうき》』だったと思うが、こういったことが書かれていたと記憶している。そこのところは『下天は夢か』でも使ったのだが、徳川家康が信長に駿河をもらったお礼を言いに安土をたずねてきた時、たまたま山下の屋敷にいた重臣は光秀と丹羽長秀の二人だけだった。信長は、長秀が四国渡海（長宗我部征伐）の準備で忙しいだろうということで、光秀に饗応役を命じた。そこで光秀は京都、堺から諸種の器具や山海の珍味を運ばせ、五月の十五日から十七日までの接待の任についた。

ところが、信長が接遇の場に定めた光秀の屋敷に検分に出向くと、夏のこととて一歩門を入ると、魚の傷んだにおいが鼻をついた。信長はただちに台所に入って、「この様子にては、家康の馳走はつとまらず」と言いすて、突然に接待役を馬廻りの堀秀政にかえた。このため面目を失った光秀は、信長に恨みをもつことになったわけです。

二木　それとどういう関係があるのか、あるいは全く関係がないかもしれないが、信長と親しかったイエズス会の宣教師、ルイス・フロイスの書いた『日本史』のなかに、家康饗応のことに関して光秀が何か信長に言葉を返すと、信長は怒りを込めて一、二度足蹴にした云々という記述がある。フロイスは秀吉嫌い、例えば秀吉は指が六本あったなどと書いているから、信用度一〇〇パーセントとは必ずしも言えないが、かなり信憑性が高い。いずれにしろ光秀は家康の饗応時に信長を怒らせる何かをしたと推測させますし、それで逆に武士として名誉を傷つけられたと受け止め、信長に恨みを抱いた可能性があります。

津本　実は私は、それは逆で信長はそれほどまでに光秀を信用していたのではないかと。あの時代、殿様といっても家臣からいつ寝首をかかれるか分からなかった。誰一人として信用できない時代だった。こいつは裏切るな、それならいまのうちに殺ってやろうと思ったならば、その家臣を油断させるために思いきり誉め、喜ばせたと思う。信長は、光秀を信用していたからこそ、足蹴にしたのだと私は見ているんですがね。

二木　なるほど。一理ありますね。確かに。

津本　それにしてもこの手の話、光秀の怨恨説というんですか、それは、掃いて捨てるほどありますね。『明智軍記《あけちぐんき》』、これは江戸中期、元禄《げんろく》の初め頃に書かれた本だが、これには先の話と違い、光秀が家康に過分な接待をしたということで、信長に叱責されたと記されている。のみならず、信長は森蘭丸以下の小姓たちに扇の要で光秀の額を血が出るほどにしたたかに打たせたとも。この手の話はいずれも、光秀の突然の謀叛を理由づけようと、後年になって創作されたものだと考えられます。

二木　そう言っていいでしょうね。このほかにも、丹波八上城の波多野《はたの》氏を攻めるに際して、人質として出されていた光秀の母親、これは叔母という説もあるが、信長が敵方の人質を殺したために殺された。そのことを光秀は恨んでいたとか、信長が光秀の妻を差し出せといったことを恨んでなどという話もありますが、同様に信用できないものですね。

当時、信長と朝廷とのあいだには大きな緊張関係があったと見る人がいるが、資料を精査するかぎりこれは違うのではないかと、私は考えています。

津本　一つに三職推任《さんしきすいにん》問題がある。信長が武田勝頼《かつより》を滅ぼして安土へ凱旋した翌日の四月二十二日に、朝廷は安土城へ戦勝を賀する勅使を遣わし、さらに五月四日には、女官佐五局と阿茶《あちゃ》の局に勧修寺晴豊《かじゅうじはれとよ》が付きそい、信長に太政大臣《だいじょうだいじん》か、関《かん》白《ぱく》、あるいは征夷大将軍《せいいたいしょうぐん》のいずれでも望むものをあたえると伝えている。朝廷としては、信長が喜んで勅使に会い、希望の職を述べると思いきや、信長は女官たちに会いもしないどころか、明確な意向さえ示さない。古いしがらみを平気で無視し、場合によっては比叡山焼き討ちのような常人が考えもつかない恐ろしいことを実行に移す信長のことだから、朝廷の権威なども無視してしまうのではないかと考え、かなり朝廷側は恐慌をきたしたのではないかと見られます。

二木　その点に関しては、信長は太政大臣の推任を請けようとしていたのではないかと思われる史料があります。本能寺の変から一カ月後の天正十年七月十日付けで、秀吉が毛利輝元宛て文書のなかで、信長のことを「相国《しょうこく》」つまり太政大臣と呼んでいる。その年十月一日、秀吉は信長の葬儀を大徳寺《だいとくじ》でやるわけだが、勅諚《ちょくじょう》をもってやりたいということで、朝廷に対しその旨を奏上している。また『公卿補任《くぎょうぶにん》』によると、天正十年二月に太政大臣となった近衛前久《このえさきひさ》が信長生前の五月に辞任している。そうしたことからすると、信長は太政大臣になることを朝廷に伝えており、朝廷側も内諾を与えていたのだと私は見ている。つまり、三職推任問題は本能寺の変の時にはすでに解決していたということです。

津本　そうですか。そういう史料があるんですか。

ほかにも朝廷と信長のあいだには、緊張関係を窺わせることがいくつかある。例えば天正九年二月二十八日、信長は京都において織田家中あげての「御馬揃《おうまぞろ》え」を挙行している。これは信長の意図に逆らって正親町《おおぎまち》天皇がなかなか皇太子誠仁《さねひと》親王に譲位しないことから、織田軍の武威を示し、天皇を脅かそうとしたのだという説があります。

二木　山内一豊《やまうちかずとよ》の妻が名馬を買うのならと、貯めていたへそくりを一豊に渡したという有名な話はこのときのことだといわれているが、それはさておきこの御馬揃えは実は天皇の側から希望されたものなんです。この年正月十五日、左義長《さぎちょう》の日だが、装いをこらした馬廻衆《うままわりしゅう》二〇〇〇余人を集めて安土城の広場で馬を駆けさせた。信長自身、深紅の袴をつけ、黒ラシャ南蛮帽をかぶり、虎皮の行縢《むかばき》をはくなど、派手ないでたちで彼らの先頭を疾駆したと言われている。ほかにも近衛信《のぶ》基《もと》など公卿や、信長の息子、兄弟など歴々の侍たちが多数参加した。これが京都でも評判になり、正親町天皇が京都でも晴れやかなものを是非にと希望され、信長がそれを受けたということが真相だと思いますね。

そうしたことからすると、信長と正親町天皇をはじめとする京都朝廷との間がかなりな緊張関係にあったとするのは、事実ではないと考えられます。

秀吉、家康「黒幕説」は小説の世界の話

――謀略説では、光秀と共謀したり、光秀に使嗾《しそう》したりした人物として多くの武将の名があがっています。

津本　私は共謀したか、使嗾したかは別にして、秀吉は何らかの形で光秀叛逆の情報を手に入れていたのではないかと考えているのですが、どうでしょう。

二木　いわゆる奇跡に近い「中国大返し」を見ますとそういう風に考えたくもなる。事実、そうした疑いから、推理を働かして秀吉共犯説を組みたてた人は少なくない。しかもこれは探偵小説の常道ですが、事件が起きてもっとも利益を得た人を疑えということがある。となるとまず怪しいのは秀吉、ついで秀吉のあと政権をとった家康ということになる。

秀吉のことはあとにまわすとして、家康ですが、彼はこのときわずか三十数人の部下を連れてきただけで、畿内を遊山中だった。大久保彦左衛門《おおくぼひこざえもん》の『三河物語《みかわものがたり》』などにも書かれているように、家康主従は命からがら甲賀から伊勢へ抜け、伊勢湾を舟でわたって三河へ帰りついている。これを見るかぎり、光秀と共謀して信長を討つなどということは考えられない。信長の命令で嫡子《ちゃくし》信康と正室《せいしつ》築山殿を殺さざるを得なかったにしても、ですよ。

津本　秀吉はどうでしょう。

二木　確かに秀吉の動きは素早かった。それは事実。だがよく見ると、細心の注意を払って毛利と交渉し、高松城からの撤退を行なっている。もともと、毛利家とのあいだで和議が成立しかかっていたときだったことも幸運だったし、秀吉贔屓《びい》の安国寺恵瓊《あんこくじえけい》や小早川隆景《こばやかわたかかげ》といった人たちが毛利側にいたことも秀吉の大返し成功に味方した。

まず秀吉は和睦《わぼく》が成立すると、水攻めで湖のようになった水面に舟を浮かべ、その上で清水宗治《しみずむねはる》に切腹させた。でないと味方の将士には勝ったのか負けたのか分からない。この戦いには勝ったぞ、まず彼はそれを宣言するために、清水宗治に湖上で腹を切らせた。しかも余裕をよそおって、一日戦場にとどまって毛利側の出方を窺ってから撤退を開始した。全速力で自城の姫路城《ひめじじょう》まで取って返すと、ありったけの金銀兵糧《ひょうろう》を蔵から出して将兵にわけ、そして摂津方面に進出している。しかも摂津にいる中川清秀《なかがわきよひで》や高山右近《たかやまうこん》らは光秀の与力大名だから用心して、「信長様も信忠様も無事に近江へ逃れられた」などといった手紙を送り、動きを牽制している。秀吉という人は光秀と人間のスケールが全く違う。桁違いに大きい。しかも後年はともかく、若い頃の秀吉は不羈奔放《ふきほんぽう》であるだけでなく、人間性も豊かだ。側室が病気になると実にやさしい手紙を書き送ったりしていることを見れば、それはよく分かる。それやこれで、秀吉が信長にある種の恐れを抱いていたにしても、光秀と結んで叛乱を考えたというのは無理筋な話ですよ。

津本　私の疑問の一つは、これは高柳光寿先生が、信長の軍団で最強を謳われた馬廻り衆が、本能寺の変の際にどこに姿を消してしまったのか分からないと指摘されている点です。彼らが健在であれば、信長主従もそうむざむざ討たれなかったのではないかと思うのですが。

二木　このとき馬廻り衆を統括する奉行のうち、堀秀政は秀吉軍を監督するために高松城攻めの陣におり、長谷川秀一は家康といっしょに堺に下っていた。矢部《やべ》家定《いえさだ》は四国征伐の準備かと思われるが、淡路に下向していた。のこる菅谷長頼《すがやながより》ら二人は本能寺で討ち死にしている。ですから、馬廻りは京都にはわずかしかいなかったんですね。

――足利義昭はどうでしょう。

二木　この時期、義昭は備後鞆《びんごとも》にいたわけですが、将軍位は剝奪されていないものの、影響力はほとんどなかった。かつての家来である、光秀とのあいだもさほど友好的であったとは思えないし、そうしたことを示す資料もない。義昭が使嗾したという説も少なくないですが、まずは考えづらいですね。

本能寺の見取り図

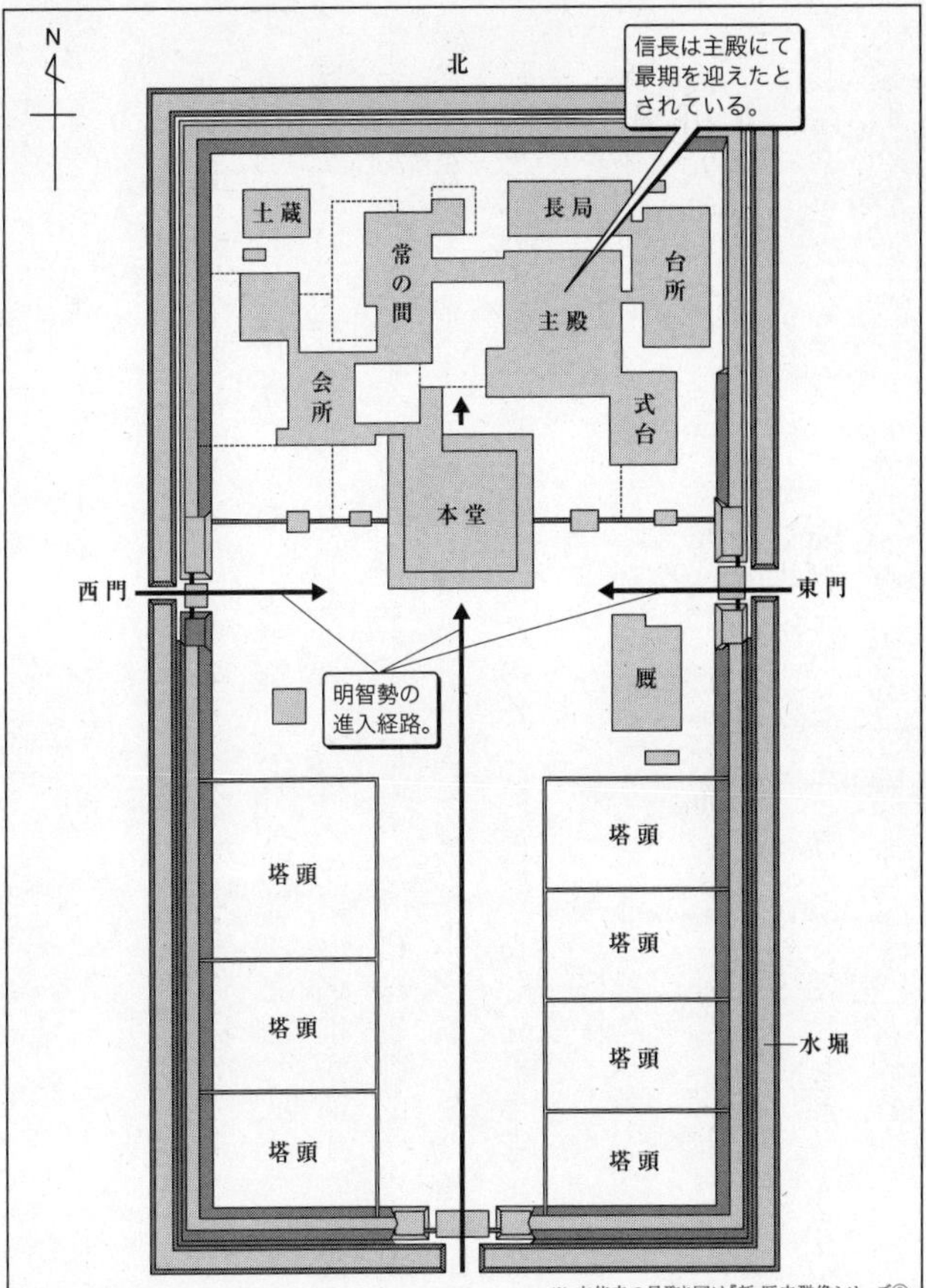
N
北
信長は主殿にて
最期を迎えたと
されている。
土蔵
長局
常の間
台所
主殿
会所
式台
本堂
西門
東門
厩
明智勢の
進入経路。
塔頭
塔頭
塔頭
塔頭
塔頭
塔頭
塔頭
水堀
南

※ 本能寺の見取り図は『新・歴史群像シリーズ⑨ 本能寺の変』をもとに作成。

16 世紀末の本能寺は、水堀と塀に囲まれ、防御にも適していたと考えられている。

窓際に追いやられ、光秀はノイローゼだった

――となると、やはり本能寺の変は光秀の単独犯行ということになりますね。

二木　そうですね。歴史学者のなかで光秀の単独犯行説、ことに天下をとるとの野心に燃えてという「野望説」を唱えられたのは、先ほど名前があがった高柳光寿先生だった。しかし、桑田忠親先生も、私自身もこれには批判的。単純化して言えば、その理由は光秀クラスの人が天下をとれるかということだ。光秀は官僚としては優秀な人だが、信長や秀吉に比べると器量はかなり劣ると考えられますから。

津本　桑田さんはどういう考え方を。

二木　桑田先生の説は、あえて言えば「武士の面目説」。これまで縷々《るる》述べてきたように、光秀は信長にある種の恨みが重なっていた。しかも本能寺の変の直前、四国の長宗我部氏攻めに関して、面目を潰されるようなことがおきた。光秀の重臣である斎藤内蔵助《さいとうくらのすけ》（利三《としみつ》）の義妹が長宗我部元親の妻であった関係から、従来、

光秀が織田家を代表して長宗我部家と交渉に当たってきたのだが、信長がこれまでの約束をたがえて四国征伐をはじめることにし、しかも総大将を三男信孝《のぶたか》とし、後見に光秀ではなく丹羽長秀を命じた。

くわえて家康饗応に前後して足蹴にされるようなことがあり、しかも中国攻めでは総大将秀吉の指揮下に入れとは恥辱もはなはだしい。で、武士の面目から叛乱を決意したというものです。

津本　二木さんご自身はどうお考えですか。

二木　先にも話したように、光秀は優れた人材だが、どちらかというと能吏《のうり》で、いまでいうとエリート官僚タイプ。秀吉などに比べ線がほそい。流浪して朝倉義景《あさくらよしかげ》に仕え、たまたま越前に下ってきた足利義昭に仕えることになるが、再度、主を変えて信長に仕えることになった。野卑な尾張や美濃の武将とことなり、知識や礼儀作法を身につけた光秀に行政官としての能力をみて、以降、信長は重用していく。佐久間信盛が追放された時点まで、光秀は出世頭だった。ところが中国攻めを機に、秀吉がめきめきと伸《の》してきた。

秀吉を助けて中国に出兵を命じられた際、光秀は丹波を召し上げられて、出雲《いずも》、石見《いわみ》を斬り取りしだいで与えるといわれたことに恨みを抱いたというが、これは当時としては当たりまえのことで、ありうる話だ。

しかし野戦指揮官ではなく、官僚タイプの光秀にとっては重圧がかかったのではないか。信長は、佐久間信盛、林秀貞という最古参の重役を、数十年まえの罪科を取り上げて追放処分に処している。家康饗応に際して足蹴にされるなど、信長とのあいだに齟齬《そご》を生じつつあっただけに、窓際に追いやられた光秀の心に、いつなんどき失脚させられるかというので、焦燥、疑心、苦悩が芽生えてきていた。それが昂じて、ある種のノイローゼ状態になっていたのではないかと私は見ているのですが。

津本　要するに「ノイローゼ説」ですね。実は私も、そうではないかと疑ったりしているんです。それに、事変のとき光秀は年齢的に五十代半ば。いまでいえば七十歳代にも当たるわけですから。

二木　それと光秀の計画性の無さは驚くほど。共犯や黒幕がいるいない、どちらにしても天下に野望があり、主体的に叛乱したならばもっと緻密な計画があって当然だし、前もって仲間に誘っておくべき武将に手を伸ばしておくのが当たり前。

旧本能小学校（堀川高校本能学舎・介護施設）北東角に建てられた「此附近本能寺址」の石柱。

だが、事変前にそういうことをした気配はない。きわめて場当たり的。そうした点でも私は、光秀はノイローゼ状態に陥っていたのではないかと思っています。

『下天は夢か』名場面

まもなく表御殿から、帷子《かたびら》に小袴《こばかま》をつけただけの森蘭丸が、鞘《さや》をはらった素槍《すやり》を手に走ってきた。彼は信長のまえに膝《ひざ》をつき、息をきらせ言上した。

「明智が者と見ゆる武者どもの、斬り入ってござりまするに」

信長の心中で、未練の糸が切れた。

彼は歯ぎしりしつつ告げた。

「是非に及ばず。しばしば応対いたしてやらあず」

信長は弓をひっさげ、尖《とが》り矢を納めた空穂《うつぼ》を小姓に持たせ、蘭丸とともに表御殿へ走った。生きているしばらくの間を、戦うのである。

表御殿の小姓衆を従えた信長のもとへ、御堂の番衆が馳《は》せ集まり、一手になった。

厩にいた矢代勝介、伴正林ら侍たちと中間衆二十四人は、表御殿へ駆けつけようとしたが、怒濤《どとう》の寄せ手に取りまかれ、外へ出ることもできず斬り死にをとげた。

御殿の入口をかためた小姓たちは、雨のような矢玉のなかで必死に敵勢を支えた。

なかでも高橋虎松は単身でしばらくの間台所口を支え、獅子《しし》奮迅のはたらきを見せた。

やがて森蘭丸、力丸、坊丸の三兄弟をはじめ、小姓衆は乱闘のうちに倒れてゆく。

信長は勾欄《こうらん》に沿って立ち、弓を射るうち、弓絃《ゆづる》が切れた。

「槍《やり》を持て」

彼は二間柄の馬上槍をふるい、むらがり寄る敵を殴りつけ、刎《は》ね突き、荒れ狂ったが、肘《ひじ》に敵の槍先をうけ、骨が見える創《きず》を負うと、それまで傍につきそっていた女房衆に、高声に命じた。

「女は苦しからず。急ぎ罷《まか》り出でよ」

彼は追い出すように女たちを去らせた。

信長はすでに御殿に火を放たせており、黒煙が座敷にたちこめていた。

彼は生き残っていた数人の小姓が、懸命に敵を支える間に、殿中の奥ふかく入りこみ、戸口に錠をかけた。

あとを追う明智の軍兵たちは、しばらくためらったのち、戸をこじあける。

信長は湯殿の流し場で、血に汚れた手と顔を洗いおえ、手拭《てぬぐ》いで体を拭《ふ》いているところであった。肘の傷には布を巻きつけていた。

——キンカめに、首級《しるし》を授けてやらあずか——

彼は身を清めたのち、火中で切腹するつもりである。

争闘のあいだに彼の心は燃えたち、無念の思いは拭われていた。

「下天のうちをくらぶれば、夢まぼろしの如くなり」

彼は声高に敦盛《あつもり》のひとふしを唄《うた》いつつ、体を拭く。

敵の放った矢が背に刺さり、信長はとっさに引き抜いた。

「下郎めが推参でや。素っ首刎ねてやらあず」

彼は喉も裂けよと怒号し、薙刀《なぎなた》をとって、殺到する鎧《よろい》武者に立ち向かってゆく。

「上さま、御免」

鉄砲足軽が四匁五分筒を向け、轟然《ごうぜん》と放った。

信長が吹きとばされるようにあおむけに倒れ、両手を畳につき四つん這《ば》いになった。

彼は惟任勢《これとうぜい》の見守るなか、血に染《にじ》んだ姿で立ちあがり、躍るような足取りで火焔《かえん》のなかへ入っていった。誰も引きとめる者はいなかった。

――『下天は夢か』本能寺　より

信長の親衛隊

――魔王信長の傍らに控え、その身辺を守った武辺の者たち――

織田信長の周囲は、馬廻衆と呼ばれる親衛隊によって守られていた。馬廻衆とは、南北朝時代以降に登場する大将の馬の回りを固める小身の武士のことで、戦国末期には親衛隊的な役割を果たす職制となった。

父の亡き後当主となった信長は、うつけという評判が災いして国人や織田家家臣、さらには弟など一族のなかからも離反する者が続出した。

そのため信長は信頼する家臣で周囲を固める必要があった。

そこで信長は、土豪や国人の次男、三男などを本拠地の城下に集めて側に置き、新しい軍団を編成した。それが信長の馬廻衆の始まりである。

実力主義が貫かれ、なかには生駒家長《いこまいえなが》のように商人の身でありながら、抜擢された者もいた。彼らは武を専業とする集団として鍛えられ、精鋭中の精鋭へと成長していく。

清洲時代にはこうした七～八〇〇人の小身の武士たちが信長軍団の中

核を成していた。このなかでは前田利家や毛利新助らが知られている。のちに馬廻衆には征服地の美濃や伊勢などからも武勇に優れた者が起用され、その数を増やしていった。そしてそのなかでも、とくに優れた武功を持つ者たちが黒母衣衆《くろほろしゅう》・赤母衣衆《あかほろ》として選抜された。

最初のメンバーは永禄二年（一五五九）頃に選ばれたとされる。黒母衣衆には河尻秀隆《かわじりひでたか》、毛利新助、佐々成政《さっさなりまさ》ら十人、赤母衣衆は前田利家、浅井新八、山口飛騨守ら十人が選ばれている。

信長が入京後、この母衣衆は馬廻衆に吸収される形で発展的解消を遂げたとみられるが、その多くが本能寺の変で討ち死にしたという。

信長の宗教政策

織田信長と宗教と言うと、キリスト教を保護する一方、日本の仏教界を旧弊と見て弾圧したという印象が強い。延暦寺《えんりゃくじ》を焼き討ちにし、長島の一向一揆勢力を男女問わず殺戮《さつりく》したという事実などがその根拠とされる。実際には、日蓮宗《にちれんしゅう》（法華宗《ほっけしゅう》）と浄土宗の間で起こったいさかいを、安土宗論《あづちしゅうろん》によって収め、石山本願寺との和睦に三度も応じていることからわかるように、彼が弾圧の対象としたのは、仏教すべてではない。あくまで歯向かう者だけを徹底して、苛烈に弾圧したのである。また、石仏を石垣に用いるなど、無神論者と見られることも多いが、決してそのようなことはなかった。

しかしそうした信長の宗教観は、当時にあって理解されにくく、無神論者としての信長像が現代にも引き継がれている。では信長はどのような宗教観を持っていたのか。また、特異ともいえる宗教観は、どのようにして形づくられたのだろうか。

フロイスから何を学び取ったか？

二木　美濃の稲葉山城を落として岐阜《ぎふ》と改め、上洛を果たす頃になると、さらに新しいタイプの人材をスカウトし始めますね。明智光秀とか細川藤孝《ほそかわふじたか》は、たとえば朝廷や幕府の故実に詳しいとか、法律や財政に強いとか、テクノクラート的な連中。いままでの尾張系にない人材ですね。千利休《せんのりきゅう》とか今井宗久《いまいそうきゅう》、津田宗及《つだそうぎゅう》など堺衆は文化人であり、商社とメーカーを兼ねていた。あるいはイエズス会の宣教師ルイス・フロイスもそうですよね。フロイスについて津本さんはどうご覧になりますか。

津本　信長の上洛後の政策や作戦にはフロイスの影響が随所に感じ取れますね。一向一揆の征伐の仕方や、敵対勢力の調略の仕方、それから武田軍団を粉砕した三段構えの鉄砲隊や今でいう軍艦のような鉄船など、あらゆる場面に西洋の知識や技術が取り込まれていると思います。

二木　当時の宣教師は単なる牧師さん、神父さんではなく、ポルトガル、スペインの国王とカソリック教団が一緒になって、まず貿易を始め、できれば植民地化してしまおうという構想を持って渡って来るわけですから、あの手この手で時の権力者に取り入るわけです。

津本　フランシスコ・ザビエルが本国に宛てた書簡を読むと、商売人の視線で日本を見ていることがわかります。ただ信長はああいうキリスト教宣教師の素性を見抜いていたと思うんです。

事実、貧乏人を救済したり医療を施したりする彼らを単なる善人とは見ず、その裏にある万里の波濤《はとう》を越えて来た真意を見抜いているかのような言動をいくつもしています。

そうした周囲の人間に対する目つきには辛口とでも言うのでしょうか、厳しさがありますね。

二木　フロイスは日本に来てから日本贔屓になった人ですね。もしイエズス会の利害だけでやられたら、当時の状況も変わっていたかもしれません。

津本　信長の宗教に対する精神的な理論は、フロイスたちとの問答を通じて構築され、それで政教分離の荒療治ができたというようなことを、以前、二木さんと延暦寺に取材旅行に行ったときにお聞きしましたね。私も信長の宗教観を小説で書こうとすると、そうした史実は一切残っていないんだけれども、やはりフロイスたちの影響が信長の心に働きかけるところが大きかったと思わざるをえないのです。

二木　信長は無神論者ではありません。やはり神仏を信じている。しかし、武器をとって敵対する比叡山の僧兵とか一向一揆のような武力集団と化した宗教を叩くことには迷いがない。

ある意味で、キリスト教とイスラム教との宗教観の対立というか、彼らにとって異教徒を殺すことは自分の宗教倫理の範疇では罪ではなくむしろ正当化されていることに似て、信長の心のなかでは決着がついている。無神論者だから比叡山を焼き討ちし、長島一向一揆《ながしまいっこういっき》で女子供の首まではねたというのではない。

一向一揆と石山合戦

――信長が泥沼の戦いを強いられた十年にわたる宗教戦争――

畿内・北陸・東海地方を主に勢力を振るっていた浄土真宗本願寺を中心とする一向一揆は、元亀《げんき》元年（一五七〇）より、織田信長と衝突した。以後、本願寺勢力は当初から同盟関係にあった三好三人衆に加え、浅井、朝倉、武田、毛利らの諸大名と結び、信長包囲網を形成する。さらに伊勢長島、近江《おうみ》、越前《えちぜん》、雑賀《さいか》などの一向一揆も蜂起して、以後、各地で十年にわたり、信長との戦いを繰り広げた。

一向一揆は長享二年（一四八八）、越前で守護大名の富樫《とがし》氏を追って一国を支配するなど、以前から戦国大名にとって侮れない存在になっていた。

その一向宗がついに信長の前にも立ちはだかったのである。

信長はこれに激怒。伊勢長島や越前の一向一揆に対しては、全員を殲《せん》滅《めつ》する「根切り」を行ない、非戦闘員が籠城した城を焼いたり、一揆に

一向一揆と信長の戦い

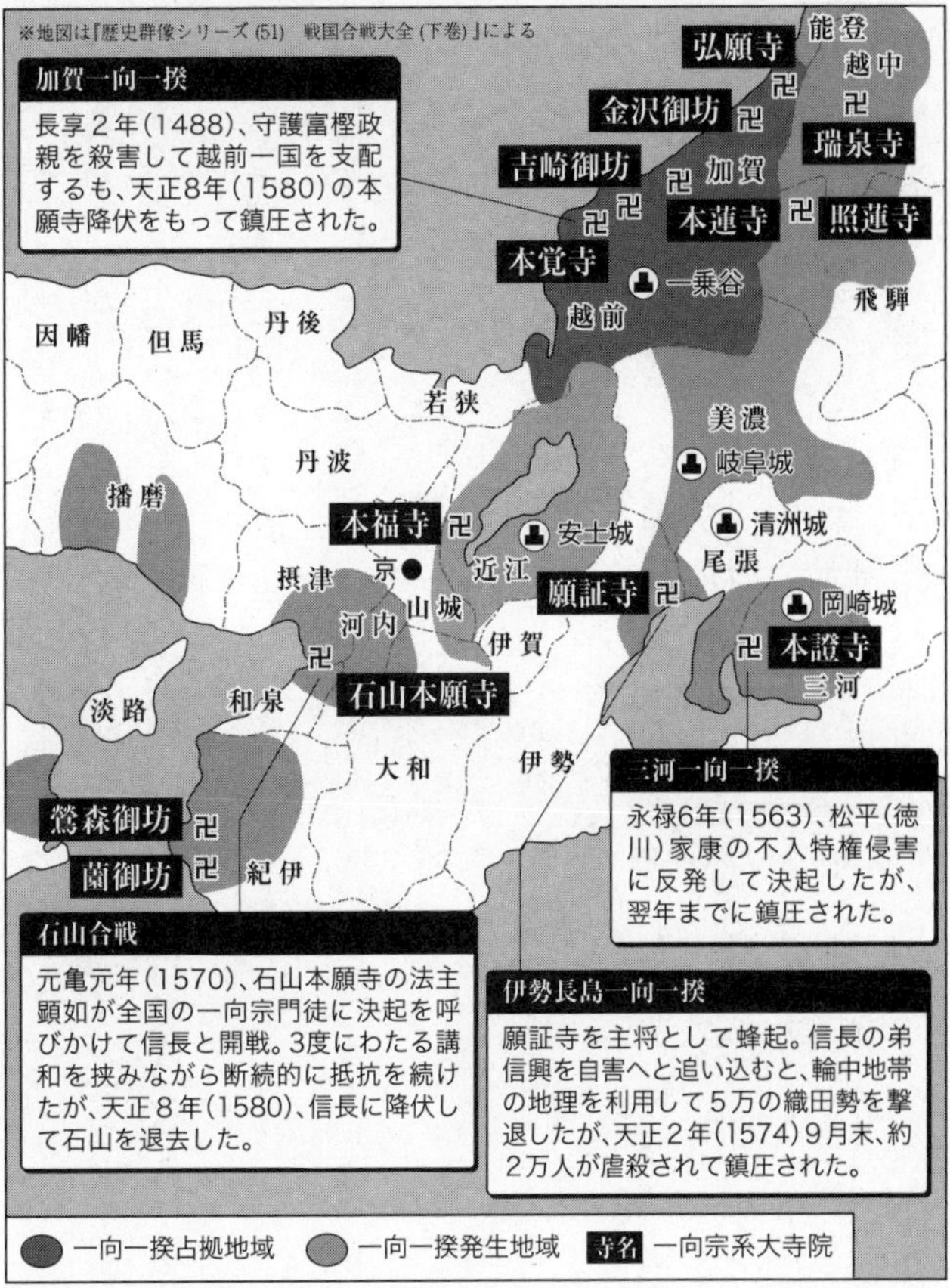
※地図は『歴史群像シリーズ(51)　戦国合戦大全(下巻)』による
加賀一向一揆
長享2年(1488)、守護富樫政親を殺害して越前一国を支配するも、天正8年(1580)の本願寺降伏をもって鎮圧された。
弘願寺
能登
越中
金沢御坊
瑞泉寺
吉崎御坊
加賀
本蓮寺
照蓮寺
本覚寺
一乗谷
越前
飛驒
因幡
但馬
丹後
若狭
美濃
岐阜城
丹波
播磨
本福寺
安土城
清洲城
摂津
京
近江
尾張
願証寺
岡崎城
山城
河内
伊賀
本證寺
三河
石山本願寺
淡路
和泉
大和
伊勢
三河一向一揆
永禄6年(1563)、松平(徳川)家康の不入特権侵害に反発して決起したが、翌年までに鎮圧された。
鷺森御坊
薗御坊
紀伊
石山合戦
元亀元年(1570)、石山本願寺の法主顕如が全国の一向宗門徒に決起を呼びかけて信長と開戦。3度にわたる講和を挟みながら断続的に抵抗を続けたが、天正8年(1580)、信長に降伏して石山を退去した。
伊勢長島一向一揆
願証寺を主将として蜂起。信長の弟信興を自害へと追い込むと、輪中地帯の地理を利用して5万の織田勢を撃退したが、天正2年(1574)9月末、約2万人が虐殺されて鎮圧された。
一向一揆占拠地域
一向一揆発生地域
寺名 一向宗系大寺院

畿内・北陸・東海地方を中心に勢力を振るっていた一向一揆は、元亀元年（1570）より織田信長と衝突する。伊勢長島や近江、越前、雑賀などの一向一揆が蜂起して、以降、各地で10年にわたる戦いを繰り広げた。

加わった者を男女問わず虐殺するなどして鎮圧した。

そのため一連の闘争は、本願寺に対する宗教弾圧であり、信長も本願寺を滅ぼす考えだったと言われるのだが、その内情は異なるようである。

本願寺との三度の和睦

そもそもは信長が本願寺の寺地である石山を望み、これに退去を命じたのが石山合戦の発端ともいわれている。

つまり、信長側から仕掛けたというわけだが、合戦の直接の発端は、信長が、三好三人衆の討伐に向かったため、三人衆と結んでいた本願寺側が信長との対決に踏み切ったというものである。

前述のとおり、信長と本願寺の戦いは、以後、十年近く断続的に続くのだが、その間、なんと信長は三度も石山本願寺との和睦に応じているのだ。

天正元年（一五七三）には信長と袂《たもと》を分かち、本願寺が支援していた将軍・義昭が信長に敗北したため、本願寺も信長に講和を求め、信長もこれに応じた。

ところが本願寺は早くも翌年に再び蜂起した。信長は本願寺を包囲する一方で伊勢長島や越前の一向一揆を各個撃破していった。窮した本願寺が再び和睦を求めたところ、信長もこれに応じている。

しかし講和の翌年の天正四年（一五七六）には義昭が毛利氏や上杉氏らを集めて再度蜂起を促したため、本願寺も三度信長に対する抗戦を試みた。

信長はすぐさま反撃に転じると、本願寺を孤立させ、ついに落城寸前まで追い込んだ。

すると、ここで大坂退去を条件に天皇に斡旋《あっせん》を請う形で、講和に持ち込んだのである。天正八年（一五八〇）四月のことであった。

宗教には寛容だった？

なぜ信長は三度も講和に応じたのか。

じつは信長は最初の本願寺蜂起の報を聞いて仰天したという。もし事前に大坂退去を命じていたのであれば、本願寺挙兵も予想できただろう。また、信長が大坂の寺地を要求したのであれば、最初の講和で命じたはずだ。

信長が講和に応じたのは、本願寺を滅亡させる意図がなかったからで、信長は本願寺の戦いが、教団の維持存続にあると見抜いていた。つまり本願寺は時の権力者に教団の外護者を求め、その権力者に味方した。そのため本願寺が、当初キリシタンに好意的だった信長に敵対したのは当然だっただろう。

それゆえ信長は、教団の地位を保証すれば、本願寺は戦う意味がなくなると考えた。しかも本願寺を利用して信長に対抗しようという敵対勢力も一掃していた。

信長とて、多くの民衆の支持を得ている本願寺教団を力ずくで滅亡させるより、これを傘下におさめたほうが都合がよい。そのため信長は歯向かいさえしなければ、信仰の自由を認めるというスタンスをとっていたとみられる。

ただし、信長は僧侶の特権を世俗の利権にまで持ち込んできたものには容赦がなかった。たとえば伊勢長島一向一揆では、門徒らが信長の弟が守る城を攻め、これを殺害した。権力を脅かしたためこれを殲滅《せんめつ》し、一向一揆の領主では領民の安全は守れないことを領民に示したのである。

石山本願寺との戦いを見るように、信長は武器を持って歯向かわない者に対しては、あくまで寛容であったのだ。また、無神論者でもなかった。では、信長の宗教観を見てみよう。

信長の死生観

二木　信長というと、冷酷なまでの合理主義者であり、徹底した無神論者であると思われてますが、私はそうとばかりはいい切れないと考えているんですよ。

津本　根底に禅《ぜん》の思想がありますね。彼の子供の頃の師は臨済宗《りんざいしゅう》の禅僧・沢彦《たくげん》でしょう。

その影響のためか、人生の価値すべてを否定しているようなところがある。

二木　いっさいは無というか、あの本能寺の変の死を覚悟した時の潔さはそうですね。だが生きているうちは自分の思うよう突っ走り、立ち塞がるものは破壊し、〝今〟に生きる自分というものを完全燃焼させている。

津本　大量殺戮といいますが、信長も自分の命をかけているわけですし、それまでのしきたりを壊すという強い信念も持っている。その良し悪しは別として、なかなかできるものではありませんよ。それを踏み切って、突き抜けるところが、信長という人物のたまらない魅力ですね。

二木　桶狭間の出陣の時、〝人間五十年、下天の内をくらぶれば、夢幻の如くなり……〟と幸若舞《こうわかまい》を舞っていくところなんかは、カッコよくて突っ張ってるんですが、おそらく怖さからくる武者ぶるいだと思うんですよ。一種の自己暗示ですね。そこで「死のうは一定」という彼の死生観で突っ走っていった。

津本　信長のなかには、おそらく人間の魂は不滅であり、死ぬことは死んだ人間の肉体から別の新しい肉体に生まれ変わるという考えがあったと思いますよ。剣客が真剣勝負をする時、そこに心の安らぎを求めたのと同じ心境じゃないでしょうか。

二木　信長無神論の根拠は、比叡山延暦寺の焼き打ち、一向一揆の信徒のなで斬り、日蓮宗の弾圧などですが、当時の宗教勢力というのは武器を持って信長と戦っている。いわば信長にとっては戦争の敵であり、権力者でもあったわけです。それと彼の宗教観とは別だと思うんですよ。

津本　神仏は崇拝するけれども、そういうものにくっついている偶像は破壊するという動きですね。信長は非常に明晰《めいせき》な男だったから、それができた。そういうめちゃめちゃな勇気というのはすごい。

二木　実際のところ、信長は津島社や熱田神宮、石清水八幡宮《いわしみずはちまんぐう》など、あちこちの社寺を再建させたりしているくらいですからね。

津本　桶狭間の合戦の後、今川義元の供養を盛大にやっていますしね。

二木　春日大社（奈良）の鹿は神の使いだからと、鹿を殺した者を処罰したほどですから、神様や仏様は信じていた。だけど、それと神社やお寺を焼きはらうのは基本的に違うという、割り切りができるところが信長であり、これまでの日本人にはない傑出したものを持っています。

津本　まじないのようなものは嫌いですね。

二木　まやかしというか、羽黒修験者《はぐろしゅげんじゃ》だとか、祈禱などはぜんぜん信じなかったですね。そういうところは禅の影響でしょう。あの時代は江戸の泰平の世とちがって、「武士道とは死ぬことと見つけたり」なんて呑気なことをいってられなかった。戦場での生と死の確率は五分ですからね。だから幸若舞の〝一度生を得て、

信長により焼き討ちにされたといわれる比叡山延暦寺の根本中堂。

滅せぬ者のあるべきか”となるわけです。あの徳川家康でさえ南無阿弥陀仏を一枚の紙に二五〇ぐらい書いていたくらいで、信長だってそんな心の安らぎを求めようとする気持ちはあったと思うんです。でも、彼は突っ張りだから、それを表面には出さなかった。

津本　あの時代、武田信玄もそうですけど、自分に反する者は親兄弟でも容赦しない。とくに信長の場合、それが顕著だったですね。

二木　潔癖症でもあったわけです。たとえば岩村城（美濃）主の遠山内匠助《とおやまたくみのすけ》の未亡人で、信長の叔母にあたる人がいるんですが、武田の武将・秋山信友《あきやまのぶとも》に城を落とされ、その叔母が敵の武将である信友の妻となる。ところが今度はその城が織田方に落とされる。その時、叔母が命乞いに来たんですが、信長はすぐに首をはねている。たとえ叔母であろうと、敵の武将に抱かれた女は許さないと、ものもいわずに殺してしまっているんですね。

津本　信長の母は弟の信行を偏愛し、信長はうとまれて育っている。母の愛撫《あいぶ》を拒否されたわけで、そのため乳母の乳首を嚙み切り、何人も乳母が変わっている。そういうマザコンが影響しているんじゃないでしょうか。

二木　ああ、女の不信を許さないと……。かといって、信長は女嫌いだったわけではない。子供が二十二人もいたわけですから、妾がそういたことになりますからね（笑）。

津本　信長の偉いところは、武田信玄なんかよりはるかに民衆の生活を良くしたところにもあると思うんですよ。

二木　そうですね。彼の出した法令というのは、民衆を保護するものが多いですよ。たとえば、火事を出したら許さんとか、一銭でも盗んだら首をなで斬りにする一銭切とか、税を免除してやるとか、要するに民衆が城下町に安心して住めるような法令ですね。そういうことを徹底していました。だから、信長が上洛した時、かつて木曾義仲《きそよしなか》の上洛の時のような落花狼藉《らっかろうぜき》が起きるのではないかという不安が、京の町にはありましたけど、信長は治安を徹底させたから、京の人たちは安心して暮らすことができたわけです。

津本　そういう意味では、織田信長という人物は、天下布武のもとに平和を確立し、民衆の生活をも確立させてやろうという思いもあったんでしょうね。

二木　そうだと思います。それが信長の発令した法令にもよく現れてますしね。

また天下布武という言葉は、天下に武を布くという意味だけではなく、〝武〟という字には止めるという意味もある。信長というと、破壊の英雄といわれますが、天下を統一し戦争をなくすという意志があったということでしょうね。

津本　その信長も晩年は自分が神であるかのように振るまったらしいですね。

二木　死の直前の天正十年五月ですか、あれほど朝廷工作をして将軍になりたかった信長が、将軍にしてあげるというようなことを朝廷がいってきても、もうそんなものは超越していて、すでに神がかっていた。

津本　もう、おかしくなっていたんですか？

二木　ええ。自分の誕生日の五月十二日を聖日として安土の摠見寺《そうけんじ》にお参りに来いとかいっているわけですよ。正月元旦には安土城に参賀に来る家来たちにお賽銭のように紙にくるんだお金を持って来させ、それを自分で受け取り、後ろに放ったというんですからね。自分を拝ませる。もう自分が神になったようなつもりだったんではないでしょうか。

津本　（驚いたように）そこまでいきましたか。

二木　もうどこか狂ってますね。だいたい秀吉でも家康でも、ヨーロッパのシーザーやナポレオンなんかもそうだけど、英雄の晩年は狂気に走りますね。安土城そのものの造りにもその影響があるんですよ。

津本　ほーう、そうなんですか。

二木　あの城には仏教、神道《しんとう》、儒教《じゅきょう》的な要素が全部取り入れられ、摠見寺の土台石には仏像や石仏などを使用させているくらいですから。

津本　自分があらゆる宗教の神だと？

二木　それが宣教師ルイス・フロイスの見た信長ですね。おそらくキリスト教の影響があったと思います。キリスト教はキリスト以外の神を認めないわけですから。

津本　なるほど。そういう信長の人間的なところにも興味がありますね。それと信長はいわば中世の開拓者ですよね。これまであったものを破壊しながら新しいものを作り出していく。そのことを本人が自覚せずに行動し、常に破壊を予期しているような危なっかしい動きをしている。

二木　ニヒリズムとダンディズムの魅力とでもいいますか……。

津本　ニヒリズムは最初にいった禅的な信長の死生観ですね。

二木　そうです。ダンディズムは彼の新しもの好きからきています。大変なおしゃれだったわけですよ。

たとえば、駿馬を全国からそろえる〝馬揃〟を天正九年京都でやった時なんかは、ソンブレロのような帽子をかぶり、皮の長靴をはき、腰には虎皮の行縢《むかばき》というローハイドみたいなのをつけ、赤い陣羽織。眉をそり落としてかき直し、真っ赤な頬あてをつけて颯爽と登場するわけです。

津本　うーん、なるほど、ダンディーですわ。

二木　そして走りながら馬上から投げ槍を的にあてるんですが、絶対に外さなかったというんですよ。

津本　武芸にも秀でていましたものね。

二木　趣味といえば、剣術、槍、乗馬、鷹狩、それに相撲でしょう。あと茶道で、今では茶道は日本の伝統文化ですけど、当時はまだ始まったばかりで新しかった。信長は和歌とか連歌とか古典的なものには興味を示さず、新しいものにすぐに飛びついたのです。

津本　南蛮文化もそうですね。

二木　宣教師が地球儀を持って来て、世界はこうなっているといえば、彼なりの合理性で地球はまるいということも理解できたし、ビオラ、ハープ、オルガンなどでヨーロッパの宗教音楽を聴き、宗教画も観賞する。

津本　新しいものを常に吸収していたと……。

二木　そうなんですよ。信長の偉大なところは、それを猿マネするんではなくて、さらに新しさを付け加えたことなんです。たとえば船に鉄張りをして、今でいう軍艦のようなものを造り出したわけでしょう。のちに登場する鉄の軍艦を先取りしたものですからね。

津本　鉄の軍艦がヨーロッパから出てくるのは、ずっと後のことですからね。

二木　その意味では世界の技術を先取りしていたといえます。長篠の戦いの鉄砲隊の三段構えだって、機関銃の発想であり、それで最強といわれた武田軍を破った。

津本　弱いといわれていたあの尾張兵が勝ったわけですからね。

二木　ええ、迫撃戦が怖いから尾張軍は鉄砲を使うんだろうとバカにされ、臆病者扱いされていた。それが長篠の戦い以降、戦のあり方も変わってきた。それまでは、戦いといえば謙信、信玄に代表されるように、古典的な兵法に則《のっと》り、中世的なまじないや占いにも頼っていた。

そういう従来のやり方を信長は打ち破ったわけで、戦争は精神力だけでは勝てないものであり、物量と兵器がものをいうぞということを証明したわけです。戦いも新しい時代を迎えるようになり、それを確立したのが信長であり、彼独特のダンディズムとニヒリズムが燃焼した結果でしょうね。

『下天は夢か』名場面

信長はキリスト教の教義についての知識はなかったが、宣教師らの布教に挺身する姿には、好意を抱いていた。

彼は、自らの専制権力を確立するために、いずれは打倒しなければならない国内の宗教勢力を眼前にひかえている。

延暦寺、石山本願寺、法華宗徒はいずれも信長にとって巨大な政治上の脅威であった。

語学の天才といわれていたフロイスは、永禄六年七月、平戸に到着してのち六年間に、日本語で宗教論を語れるまでになっていた。

信長は、橋下の普請場にたたずむ僧侶らを指さし、辺りにひびきわたる大音声で罵《ののし》った。

「あれなる売僧《まいす》どもは、そのほうらがごとき殊勝なる心掛けを、持ちあわせておらぬだわ。あやつらは民をあざむき、いつわりを口にいたしおるばかりでや。この世に生かせておるならば、悪事を重ぬる輩なれば、いずれは撫で斬りといたしてやりたきものだでや」

フロイスは、好機をのがしてはならないと、信長に言上する。

「なにとぞ殿の恩寵《おんちょう》をもって、比叡の山の学侶衆、また紫野大徳寺の善知識と、われらが宗論をいたすのをお許しいただきたく、伏してお頼み申しあげまする。もし、われらが宗論に敗れしときは、無益なる者として都より追い放さるるも、お恨みはいたしませぬ。われらが勝ちを得しときは、あまねく仏徒にデウスがみ教えを聴問いたすよう、お達示《たっし》をなされて下されませ。このことをなさぬかぎりは、われらは仏徒が宗旨をあやまてるものと見るゆえに、われらの宗論の明白にして根拠あるところを述ぶるときを得ざるままに、ただ憎しみと陰謀によって絶えず攻めたてらるるのみにござりまする」

信長は笑って家臣たちをふりむき、フロイスを褒めた。

「ここな伴天連は、なかなかに頭《つむり》が冴えておるでや」

信長は、フロイスの筋道をたてた、緻密な語りくちに好感をもつ。

彼はフロイスが仏徒の宗論をあやまっていると判断する論拠を聞きたい。

仏徒の理非を、フロイスが分析すれば、信長は天下統一をなしとげるために、取りのぞかねばならぬ障害である、仏徒を糾弾《きゅうだん》する名目を得ることができるかもしれない。

――『下天は夢か』風浪　より

長篠の合戦

――合戦の常識を打ち破った信長の新兵器大量活用――

駿河・遠江・三河を支配していた今川義元の死後、独立を果たした徳川家康は織田信長と同盟を結び、遠江、三河へと勢力拡大を果たした。

しかし甲斐の武田信玄もこの地方への進出をもくろみ、家康を脅かすようになる。信玄の死後もその子勝頼が父でさえ落とせなかった徳川方の高天神城《たかてんじんじょう》を攻略して、その威勢は高まるばかりだった。

そんななか、家康が武田方に奪われていた長篠城の奪還に成功する。すると武田方では勝頼自らがこれを取り戻すべく一万五〇〇〇の兵を率いて出陣した。天正三年（一五七五）四月のことである。

勝頼は長篠城を包囲すると、合わせて南方の二連木城《にれんぎじょう》なども攻撃。一気に三河を平定しようという目論見だった。

それに対して奥平貞昌《おくだいらさだまさ》が守る長篠城の城兵はわずか五〇〇。必死で防戦に努めたが、頼みは家康と信長の援軍である。貞昌の家臣鳥居強右衛《とりいすねえ》門《もん》は敵の包囲網を突破して信長に窮状を報告したが、その帰城途中、武田方に捕まり、磔《はりつけ》にされた。

その際、援軍が来ると城に叫び、味方を鼓舞したという。

敵の退路を断った信長

やがて五月十八日、信長は長篠城の西約四キロの山岳に囲まれた設楽《したら》ヶ原《はら》に着陣し、三万の兵を連子川に沿って南北に長く配置した。友軍の徳川軍約八〇〇〇は、南方高松山に布陣した。

信長は空堀を掘らせ、三重の馬防柵《ばぼうさく》を備え、野戦の準備を進めた。

さらに信長は一計を案じる。徳川家家臣の酒井忠次《さかいただつぐ》に鉄砲五〇〇挺を装備させた馬廻衆をつけ、武田方が長篠城の背後に設けた鳶《とび》ヶ巣《す》砦を急襲させたのだ。

これにより退路を断たれた武田軍は、もはや長篠城を包囲する意味がないばかりか、背後からの攻撃を恐れて前面の設楽ヶ原に進出することを余儀なくされてしまう。

長篠の合戦関連地図

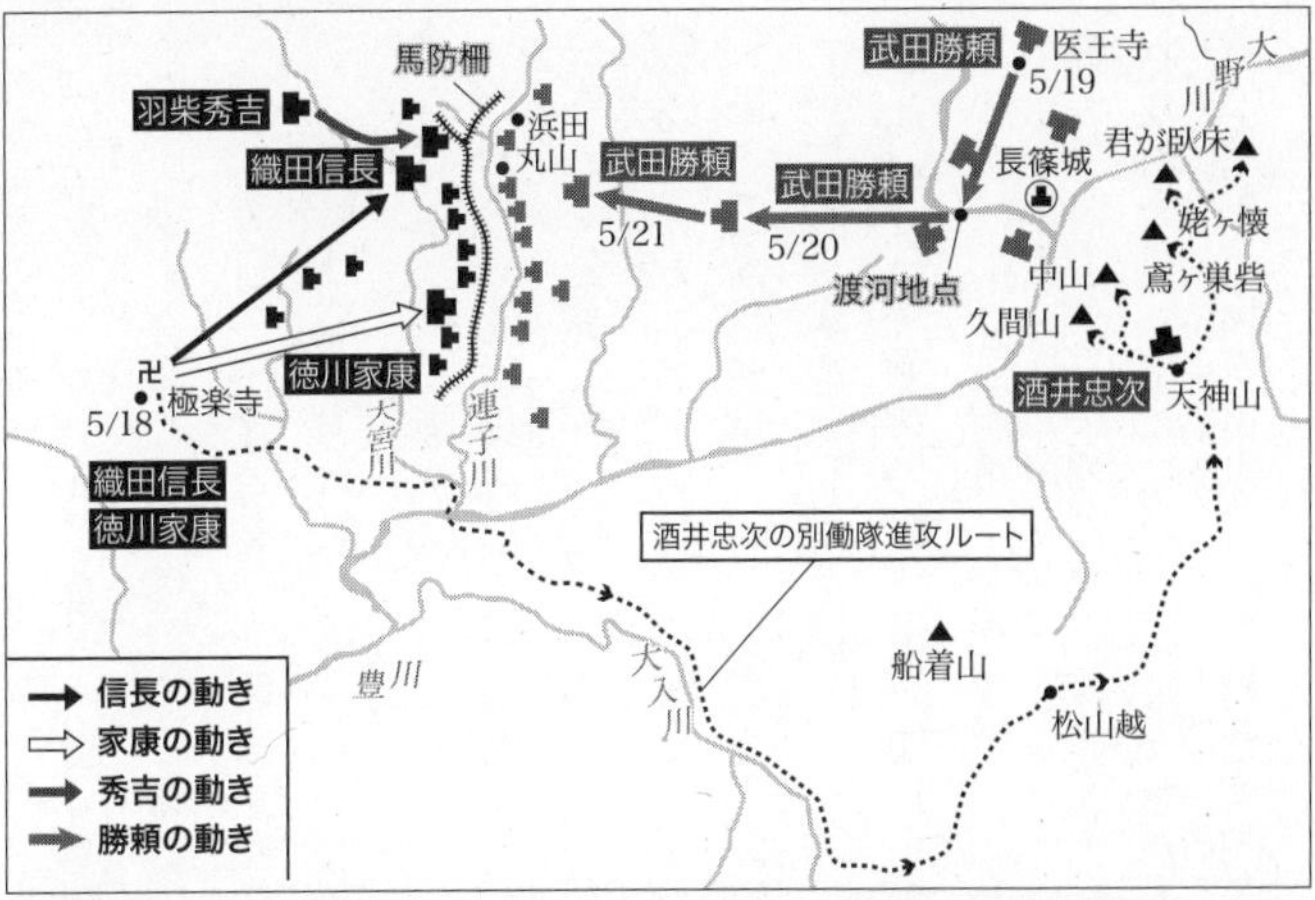
馬防柵
羽柴秀吉
織田信長
浜田
丸山
武田勝頼
5/21
武田勝頼
5/20
武田勝頼
医王寺
5/19
長篠城
渡河地点
大野川
君が臥床
姥ヶ懐
鳶ヶ巣砦
中山
久間山
酒井忠次
天神山
徳川家康
極楽寺
5/18
大宮川
連子川
織田信長
徳川家康
酒井忠次の別働隊進攻ルート
船着山
豊川
大入川
松山越
信長の動き
家康の動き
秀吉の動き
勝頼の動き

長篠の古戦場に再現された馬防柵。

こうして二十一日、織田・徳川連合軍三万八〇〇〇と武田軍一万五〇〇〇が設楽ヶ原で対峙したのである。

そして日の出とともに武田軍が織田軍に突進する形で攻撃が始まった。この時、織田方は鉄砲の革新的な戦法「三段撃ち」を採用して敵を圧倒したことが通説になっている。

当時の鉄砲は弾込めから発射まで時間がかかる。いわば連射ができないため、鉄砲で相手をたじろがせ、弓槍を用いて決戦に挑むというのが従来の戦法だった。

ところが信長は、三〇〇〇もの鉄砲隊を三つに分けると、一段目が撃ち、二段目が点火して待機し、三段目が弾ごめをしながら順次入れ替わるという三段撃ちの戦法を駆使したのだ。

これにより織田軍は、常時一〇〇〇挺が横に広がり、突進してくる武田騎馬軍団に絶え間なく鉄砲を浴びせ続けることができた。武田方は波状攻撃を繰り出して敵方に突進したものの、次々と狙い撃ちされてしまう。結果、馬場信春《ばばのぶはる》、山県昌景《やまがたまさかげ》、内藤昌豊《ないとうまさとよ》など、信玄以来の武将を数多く失い、壊滅状態に陥ったのである。

三段撃ちは真実か？

しかし、三段撃ちが信憑性の高い史料に確認できないことや、起伏に富んだ戦場の状況などから、実現困難とみられ、その存在は疑問視されている。

ただし、鉄砲隊を何重にも編成し、前面の銃撃を逃れても、馬防柵に取り付いたところに銃弾を浴びせるよう配置するなど、信長が大量の鉄砲を効果的に使ったことは事実と考えられている。

一方、繰り返し敵方に突進した武田軍の行為は、鉄砲の威力を知らなかったがゆえの愚行とされることが多い。

しかし退路を絶たれていた武田軍は、前進突撃して敵を突破する他に道を切り開くことができなかったのである。

結局、武田軍は一万人以上もの戦死者を出す大敗を喫した。勝頼もわずか六騎で甲斐に逃げ帰るという有様であった。

信長は深追いすることなく兵を返したため、武田家は天正十年（一五八二）まで長らえるものの、かつての威勢を取り戻すことはできなかった。そして天正十年三月、天目山麓にて滅亡のときを迎えるのである。

信長の演出力

天正七年（一五七九）、琵琶湖西岸の安土山に、巨大城郭が出現した。織田信長が築き、居城とした安土城の天主《てんしゅ》（天守閣）である。城の中央に高さ十二間、すなわち二十四メートルほどに積み上げられた石垣の上に、高さ三十二メートルの七層五階建ての「天主」を擁する安土城は、山全体に建物群を配置して城郭化し、家臣団の屋敷を山腹に控えていた。

まさに、織田軍団の一大拠点であるが、防御の面からすると、安土城はそれほど守りの堅い城ではなかったという。では、安土城は何のために築かれたのか。

本能寺の変後の混乱のなかで焼け落ち、幻となった安土城で、信長の存命時に行なわれた、前代未聞の信長のデモンストレーションと、安土城の随所に施された数々の仕掛けから、城に隠された秘密を二木・津本両氏が暴く。

安土城を飾った提灯

二木　信長は政治、軍事だけからみても、大変なアイデアマンであり、その企画力はすごいといえます。

津本　信長という人物は、人の意表をつくのがうまいですからね。

二木　ええ、大演出家ですよ。彼の生涯を見ると、いかに演出が多かったかがわかる。

そのひとつが夜の安土城の演出ぶりですね。お盆になると、外国の宣教師などを安土城に呼ぶわけです。その時、火を全部消させて、提灯《ちょうちん》の火だけで安土城全体を浮き上がらせる。

その上で松明を持った兵士に行進をさせるなんて演出を平気でやってのけ、やって来た宣教師たちの度肝を抜いている。

津本　今でいえばプロデューサー的な能力も卓越していたわけですね。

二木　万博やオリンピックなどの大イベントをやらせたら、大成功をおさめるでしょう（笑）。そういう能力を先天的に持っている。軍事、政治だけでなく、いろんな感覚が優《すぐ》れていたわけで、常に新しさを持っていた。

津本　それでいて行動力もあり、頭脳明晰。

二木　そうですね。清洲城から小牧山《こまきやま》に移城する時も信長らしい頭の冴えを見せてます。

津本　あれはたしか永禄六年（一五六三、信長三十歳）の時でしたね。

二木　はい。信長としては小牧山に移ることに、家臣が反対することは最初からわかっていた。そこでまず犬山（現在の犬山市）にある辺鄙《へんぴ》な二の宮山を見せ、ここに築城するという。すると、家臣は反対するわけで、次に小牧山を見せ、ではここに移るぞという。そうなるともう、家臣は反対できなくなる。そのへんの頭の良さはなかなかのものですね。

津本　信長というと、関所を撤廃し、通行税を免除して楽市・楽座、今でいう自由主義経済を先取りしていたわけですが……。

二木　そうですね。まず、安土の町に中山道を通過させた。そして馬の市は安土だけにするとか、いろんな城下町造りをやっているのですが、その中心は安土城。

高い石垣を築いた上に五層のいわば五階建ての城にしたこと自体、当時としては画期的だったのですが、今のデパートぐらいの大きさなんですね。

戦国時代、武士は平時のとき百姓で、各村落を統治する指導者だった。城下町に住む侍は幹部クラスだけ。それを信長は武士と農民を完全分離させて家臣を屋敷ごと引っ越させ、城下町に住まわせているんです。

津本　それが江戸時代になると、大名の妻子を江戸に住まわせる参勤交代になるわけですね。信長のやったことは、秀吉、家康にかなり引き継がれていますね。

二木　そうなんです。検地では太閤検地が有名ですが、すでに信長が自己申告させる差し出し検地を実施していますからね。そのほか城下町を振興させるために、「天下一」の政策を生み出している。これは鏡作り天下一とか畳刺し天下一とか、職人の名工に対して与える天下一の号で、手工業を大いに発達させ、これも秀吉に受け継がれています。

津本　武田信玄と今川義元は守護、上杉謙信は守護代、ま、いったら大企業みたいなものでしょ。その点織田家は中小企業の町工場のようなものですよね。

二木　信長の家柄は尾張の守護代の家臣である三家老のうちのひとつですからね。

安土城と武将の屋敷群

伝黒金門跡
本丸東門にあたり、黒漆で塗り固められていた。ここから先が信長の居住区となる。
伝本丸跡
京都御所の清涼殿に似た構造となっていたことが判明し、天皇の御幸を迎える目的を持っていたとも指摘される。
天主跡
5層7階地下1階の木造高層建築。『信長公記』には、各階の部屋は狩野一派の襖絵で飾られていたという。
七曲道
大手道は130m登ると突きあたり左に折れ、黒金門へとつながる。
伝二の丸跡
伝三の丸跡
伝織田信忠邸跡
伝徳川家康邸跡
摠見寺跡
安土城の郭内に設けられた信長創建の寺で、仁王門と三重の塔が現存する。
伝前田利家邸跡
伝羽柴秀吉邸跡
大手道の向かって左に位置する邸宅跡。主殿・厩・遠侍などを備えた武家屋敷の体裁を取るが、秀吉のものという根拠はない。
伝大手道跡
武将の屋敷群が左右に建ち並ぶなかを、幅6mの階段が通っていた。130m程の直線を登る途中、道の正面には天主が見えたと考えられている。
大手門跡
石塁両脇の虎口

当時の建築技術の粋を集めた安土城には、家臣団の集住が行なわれ、天主が築かれた。とくに天主は信長を至上の存在とする様々な仕掛けが施され、天下布武のシンボルとしての役割を持っていた。

津本　それがあれだけノシ上がっていったんですから驚異的ですね。僕は会社勤めしていたからよくわかるんですが、自分の能力を認めてもらうためには、ときにはおべっかを使ったりして出世していくんですが、じつにバカバカしいことがあるんですよ。ところが信長というのは、ほんとうに自分の力だけでね、ひとつの障壁に当たるたびにやけくそのように死を覚悟してぶち当たるでしょう。それが運に助けられてうまくいくと、またぶち当たっていく。そしてノッてくると自分でも止まらないほど突進していく。そういう生き方を見ていくと、天下統一は果たせぬ夢だったけど、男の夢は果たせたような感じがするんですよ。生きざまとしては実にうらやましい。

二木　まったく同感ですね。

津本　だけど、ああいう人が社長だったらさぞ恐ろしいでしょうね（笑）。

二木　宣教師の書いた記録のなかには、信長が指ひとつ動かしただけで、そこにいたたくさんの家臣がスーと消えるように動いたと書かれています。実に怖い存在だったでしょう。

津本　へたするとすぐに首が飛びますからね。

二木　二条御所の造営のとき、人夫が通りかかった婦人のかぶりものを持ち上げて、からかった。現場を監督していた信長がそれを遠くから見ていたのですが、つかつかと近づいて来て、うむもいわさずその首をはねてしまった。周囲の人間を力で威圧するという演出も多分に含まれていたと思いますが、彼独特のダンディズムとニヒリズムのなせるワザでしょう。

明智光秀なんか、最後にはノイローゼになったんですから。そのへん秀吉は利口だから、距離を隔てている。あまり近寄らないで、手柄をたてた時にだけひょこひょこ褒められに帰って来る。

津本　えらいえらいと頭をなでられて、ほうびをもらって帰って行く（笑）。

二木　信長は手柄をたてた人間にはほうびを与えるが、そうでない人間には合理的というか、しぶちんというか、ケチだったようですね。

宣教師の記録にも、信長はよく贈物を受けたが、自分から物を与えるのはまれだったと書かれていますからね。

『下天は夢か』名場面

亡霊をおそれない信長も、刺客が身辺をうかがうのには、手配りを怠らない。

寝所の隣座敷に宿直《とのい》を置き、庭に犬を放っている。そのうえおなべと閨をともにしなければ、眠りにつかなかった。

齢《よわい》を重ね、強大な地歩をかためてゆくにつれ、彼の内部で猜疑心《さいぎしん》がふくれあがってゆく。

安土城の構想には、信長の内部にくろぐろとわだかまる猜疑心が、不必要と思えるまでの示威《しい》の造形にあらわれている。

大工頭岡部又右衛門は、信長の指示する異様な城郭の型式に、畏《おそ》れを抱いていた。

天主の外観は、屋根五層の廻縁望楼型で、内部は地上六階、石垣下（穴蔵）の地下一階の七層となっている。

地階の穴蔵は、東西九間、南北九間（ただし、一間を七尺＝二・一メートルとしている）であった。

その中央に東西四間、南北六間の四階までの吹き抜けの空間をあける。吹き抜け部分の中央に東西向きの宝塔を置くのである。

（中略）

五階は、信長が設計にもっとも苦労した、対辺間距離五間の、正八角形平面とする。

「ここは、大和法隆寺夢殿とおなじこしらえにいたすのでや。外柱は朱、内柱は金にて張り、座敷の外には擬宝珠《ぎぼし》勾欄をめぐらし、縁板には鯱鉾《しゃちほこ》と飛竜《ひりゅう》、縁の壁には餓鬼《がき》と鬼を描かすだで。壁、天井には釈門十大弟子、釈尊成道説《じょうどう》法図を置くのだわ」

仏教世界を極彩色でえがきだす五階のうえの最上階は、三間四方十八畳敷きの平面とする。

座敷の内外はすべて金で塗りたて、五階よりもさらに宗教性をつようちだすのである。

四方の内柱に昇り竜、降り竜、天井には天人影向《ようごう》図、壁には中国古代のすぐれた帝王である三皇五帝、老子、孔子像、孔門十哲、漢代の賢人である商山四皓《しょうざんのしこう》、竹林の七賢人らを描かせる。

十二間（約二五メートル）の石垣をふくめ、全高三十間（約六〇メートル）に達する天主の高楼が天に屹立《きつりつ》するさまを、信長は脳裏にえがいた。

——『下天は夢か』安土の天主　より

安土城

――信長を神と仰ぎ、琵琶湖畔にそびえた天下統一の象徴――

天正四年（一五七六）、織田信長は琵琶湖を見下ろす安土山に安土城の建設を命じた。建設の目的は、北陸などの一向一揆と本願寺を分断し、上杉謙信の上洛を阻止するためだったという。この城はすべてにおいて当時の常識を覆す革新的なものであった。なお、天主の完成は同七年である。

最大の特徴は総石垣による普請と、人が住める五層七階地下一階の木造高層建築の天主。天主の内部には儒教の天を模した絵が描かれるなど、信長を至上の存在とする様々な仕掛けが施されていた。

城下には、家臣団の集住が行なわれ、城へ通じる大手道は幅六メートル、直線が一三〇メートルも続いていた。天主をあおぎ見るようにして大手道を上った先は、本丸へと通じる。本丸には、天皇の御幸を想定して清涼殿《せいりょうでん》を模したといわれる御殿も設けられた。

その一方で城の防備は意外に手薄だったといわれている。

天主の構造やデモンストレーションなどを加味すると、安土城を天下統一のシンボルと捉える信長の考え方が浮かび上がってくる。

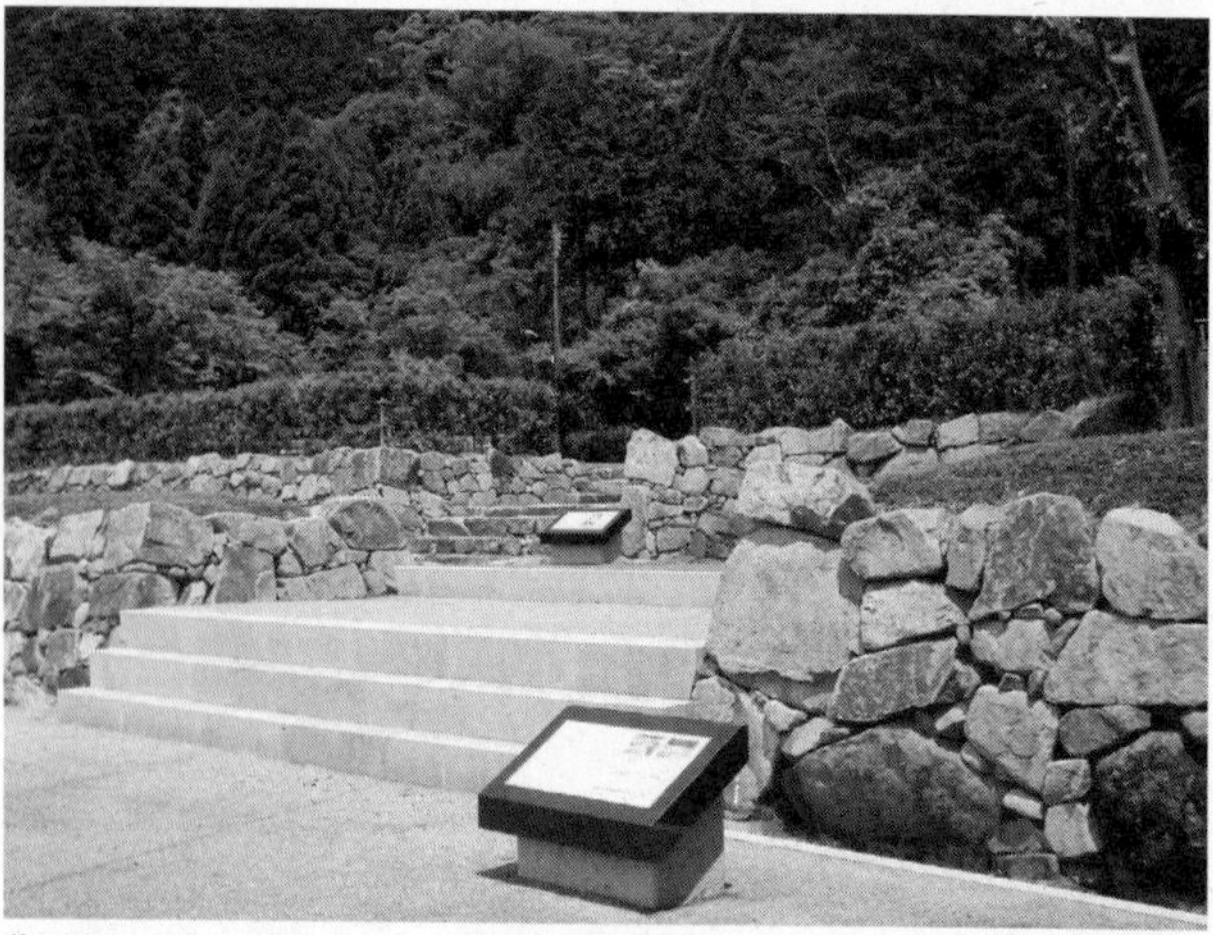

復元された安土城の石垣。大手道を登った先に天主がそびえていた。

信長必勝の戦略

尾張の小勢力から美濃を制し、畿内から東海にまたがる大勢力を築くなかで、信長は数多くの合戦を経験した。

その戦い方というと、桶狭間の合戦において今川義元を敗北せしめた乾坤一擲の戦術が印象的で、優劣定かではない相手を、鮮やかな戦術を駆使して打ち破り、勝利をもぎとって来たかのように見える。

だが、そうした博打のような戦い方だけで、次々に強豪を打ち倒し、天下統一へ迫ることはできない。実際に信長は、桶狭間の合戦以外に賭けのような戦いをすることはなかった。

では、賭けのような戦いを捨てた信長が、戦を前にして何を重視し、どのような準備をして臨んだのか……。信長が身につけ、モットーとした必勝の戦略に迫る。

百姓をあっという間に兵に変えた信長

津本　信長の場合、野武士や町人、百姓から出てきた者たちを使って戦いをしたというのが、それまでには全くなかった異文化だと思います。それから、戦いの勝敗は、戦場に出て決するのが三割で、七割は出るまでに決まっているというのが、信長の生涯を通じての戦術理論です。

二木　戦う前に大謀略戦を展開したんですね。

津本　そのための情報をしっかりと集めています。それと、信長で特筆すべきことは、世界の陸戦、海戦の歴史を書き換えるような新兵器を作ったということです。

二木　鉄砲と鉄張りの船ですね。

津本　そうです。鉄砲の威力は長篠の合戦で十分に見せつけましたが、あれと同程度の銃撃戦がヨーロッパで行われるのは、ドイツ三十年戦争の後期のことですから、七十年後のことです。

鉄張りの船に至っては、軍艦に本格的に鉄が使われるようになったのはネルソン提督の時代なので二〇〇年も先んじていることになります。そして両舷に大鉄砲を備えて、大坂の大海戦で、二年前に敗れた毛利水軍を見事に撃退しています。

二木　信長というのは、世界的に見ても優れた指導者だったんですね。

津本　当時の人口はポルトガルが一五〇万人、スペインが六七〇万人、イギリスが三五〇万人で、日本は三〇〇〇万人です。ヨーロッパのその規模の国が七つの大陸に進出しているのを信長は知っていたはずですから、もう十年信長が長生きしていたら、日本が世界へ向かっていたかもしれないと思っています。

二木　信玄や謙信の時代には、精神力や年季の入った武術の体験がないと英雄豪傑にはなれませんでした。ところが、信長は百姓上がりの者を養成して、一カ月ぐらい鉄砲の練習をさせて最強の軍隊をつくってしまった。当時の常識では考えられないことをやっているんです。

また、毛利水軍に対したように、一回負けても、二回目にはお返しするというように頭の働きが違うわけです。それから、根回しや攪乱《かくらん》戦法、危なくなると朝廷を動かして勅命を出させるなど、そうした面でも長けていたと思います。

『下天は夢か』名場面

「九鬼《くき》の鉄船が大坂の海に入らば、毛利はたちまち怖気《おぞけ》をふるい、安芸に逃げ戻るだわ」

信長は伊勢の海賊大名九鬼嘉隆が、鳥羽で建造している六艘《そう》の鉄船の完成を、急がせていた。

「はや船底切り石シックイ固めにとりかかってござりますれば、あとは鉄板を張るのみにござりまする」

「上棚《うわだな》、総矢倉の鉄板は、取《と》り舵《かじ》（左舷《さげん》）をいたしあげ、面舵《おもかじ》（右舷）を張りかけてござりまする」

「江州国友鍛冶《かじ》衆より、一貫目玉筒二十一挺、三十目玉長銃二百八十挺、張りたて相済み、伊勢表へ届けてござりまする」

信長は伊勢大湊《おおみなと》（伊勢市）の造船現場へ派遣した使い番が報告に戻ると、折りかえし督促に向かわせる。

「一日が半日なりとも、早々と仕あぐるよう、厳しく申し伝えるのでや」

――『下天は夢か』地上の神　より

木津川口の合戦

――鉄張装甲の戦艦で毛利水軍を蹴散らした織田水軍――

織田信長の戦歴のなかで最も有名な海戦が、木津川口《きづがわぐち》の合戦である。これは、本格的な石山本願寺攻めに取り掛かった織田信長が、本願寺へ兵糧を海上輸送で運び込もうとする毛利水軍を阻止しようとして勃発した海戦である。

木津川口での戦いは二次にわたって行なわれ、とくに二度目は海戦の歴史を大きく変えた戦いとして知られている。

織田水軍の大敗

その画期的な戦いに先立つ第一次木津川口の合戦は天正四年（一五七六）七月に勃発した。毛利水軍七、八〇〇艘の水軍が、米二万俵という大量の兵糧を積載して摂津の海上に姿を現わしたところで合戦が始まった。

織田方は佐久間信盛配下の和泉水軍や尼崎水軍などを集めて、海上を封鎖。木津川口に布陣して迎撃態勢を整えた。しかし織田方の水軍はせいぜい三〇〇艘程度に過ぎなかった。

その倍以上の規模を誇り、しかも熟練した村上水軍を擁する毛利軍は、縦横無尽に織田水軍に接近しては焙烙《ほうろく》（手榴弾等）を投げ込んで火攻めにし、歩兵が船に乗り移っては次々斬り込んだ。織田水軍は二〇〇〇の兵が乗り込んだ五艘の大船で迎え撃ったが、数で勝る毛利軍は、織田水軍を取り囲むとこれを各個撃破して駆逐していったのである。

織田方の船は、沈没したり一目散に逃げ出したり、なすすべもなく壊滅状態に追い込まれた。

こうして毛利方は、織田水軍が姿を消した海上を通じて二万俵もの米や弾薬を石山本願寺に運び入れることに成功したのである。

大砲を搭載する秘策

第一次木津川口の合戦で大敗を喫した信長は雪辱《せつじょく》を期した。

信長としても石山本願寺を孤立させてこれを陥落させるには、二度と兵糧を運び込ませるわけにはいかない。

そこで信長は、数で勝り、焙烙を駆使する毛利軍を押さえ込むために、敵軍船を撃破するような大砲で対抗するしかないと考えた。

そして信長は敵以上の装甲と火力を装備するという大胆な発想でもって、挽回策を練った。そして、滝川一益と元志摩《しま》水軍の九鬼嘉隆《くきよしたか》に巨大な戦艦の開発を命じたのである。

巨大戦艦を駆使して雪辱

天正六年（一五七八）十一月、再び織田水軍と毛利水軍が対峙する。これが第二次木津川口の合戦である。毛利水軍は前回同様六〇〇艘という大船団を率いて海上に現われた。

迎え撃つ織田水軍は六隻の巨大戦艦を中心に、小型船がこれを囲む陣形を取った。

午前七時頃、毛利水軍は前回同様に船を包囲して各個打ち破ろうとし

第2次木津川口の合戦関連地図

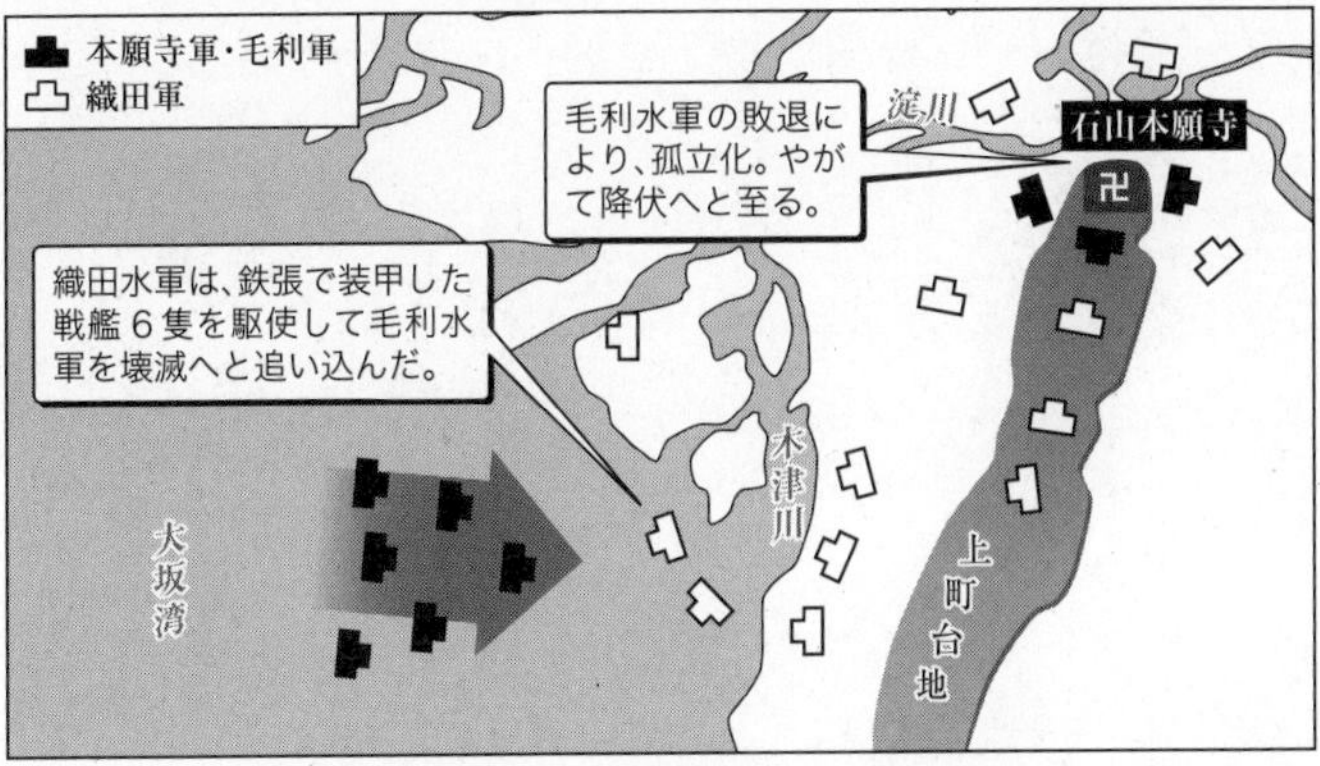
本願寺軍・毛利軍
織田軍
毛利水軍の敗退により、孤立化。やがて降伏へと至る。
淀川
石山本願寺
織田水軍は、鉄張で装甲した戦艦6隻を駆使して毛利水軍を壊滅へと追い込んだ。
木津川
大坂湾
上町台地

天正4年（1576）、石山本願寺を包囲する織田軍は、第1次木津川口の合戦で毛利水軍に敗れ、本願寺への兵糧や武器弾薬の輸送を許してしまう。しかし、その直後信長は九鬼嘉隆に命じて戦艦6隻の建造を進めると、2年後、ふたたび木津川口で毛利水軍と激突し、これを撃ち破った。

巨大戦艦の建造に携わった志摩水軍の頭領・九鬼嘉隆。

た。

一方の織田水軍は、まず標的を敵の大将船に絞り、これを十分ひきつけるや大砲の一斉射撃を浴びせた。

大砲の威力に圧倒されたばかりか、指揮系統まで失った毛利水軍は仰天して戦意を消失。烏合の衆となって、一目散に海上を逃げ惑った。正午頃には毛利水軍は逃げ出すようにして海上から姿を消してしまったという。

この時圧倒的な勝利を呼び寄せた軍船についての詳細な記録はないが、残された資料から推察すると、その大きさは、横が約十二・六メートル、縦が約二十二メートルもある桁外れの巨大な船だったという。しかも船の表面は、厚さ二〜三ミリの鉄で覆われた鉄張軍艦だったのである。

もちろん破壊力も抜群で、約一〇キロの装薬を持つ大砲を船首に三門搭載していたという。

まさに攻撃、防御ともに並外れた戦艦によって、信長は見事雪辱を果たしたのである。

こうして第二次木津川口の合戦で信長は大勝し、大坂湾の制海権を制圧。石山本願寺を完全に封鎖することに成功したのである。

この海戦の結果、補給を絶たれた石山本願寺は窮地に立たされ、ついには信長への降伏を決断することとなる。

第二章　豊臣秀吉

戦国時代、立志伝中の人物といえば豊臣秀吉《とよとみひでよし》である。家臣も門閥《もんばつ》もない裸一貫の身から身を起こして天下人になりあがった英雄として知られている。

その秀吉の幸運は、実力主義をとっていた織田信長《おだのぶなが》に仕えたことだろう。足軽《あしがる》の子として尾張《おわり》に生まれた秀吉は早くから家を出て、遠江《とおとうみ》の松下之綱《まつしたゆきつな》に仕えたのち、織田信長の最下級の家来として採用された。

草履取《ぞうりと》りだった秀吉は信長の草履を懐《ふところ》で温めたという逸話が知られるが、並外れた才覚と知略を駆使して墨俣城《すのまたじょう》の築城や、美濃《みの》三人衆の調略《ちょうりゃく》、小谷城《おだにじょう》攻めなどで戦功を挙げる。

実力主義の織田家中でめきめきと頭角を現わした秀吉は、天正《てんしょう》元年（一五七三）、琵琶湖畔の長浜《ながはま》を与えられて十二万石一城の主となった。

本能寺の変が変えた秀吉の運命

ただし秀吉は、剛毅《ごうき》な武将として名を馳せたわけではない。彼の持ち味は、武力一辺倒ではなく才覚と知略を駆使した戦いぶりにあった。

それを発揮したのが中国攻めである。

中国の覇者毛利攻略の司令官となった秀吉は、三木城《みきじょう》、因幡鳥取城《いなばとっとりじょう》、備中高松城《びっちゅうたかまつじょう》を攻略していくが、ここでは力攻めを強行せず、歴史に残る兵糧攻めや水攻めを敢行し、城を攻略している。力攻めが無理であれば機略をもってあたる。硬軟両方を織り交ぜた柔軟性もまた、秀吉の特徴であった。

天正十年（一五八二）六月、秀吉に人生最大の転機ともいえる本能寺《ほんのうじ》の変が起こる。

備中高松城攻めの最中に信長が京都本能寺にて明智光秀《あけちみつひで》に討たれたという報告を受けた秀吉は、ただちに毛利氏と和睦すると、わずか八日間で二万近い軍勢を畿内に戻すという、中国大返しをやってのけたのだ。

そして、十三日、山崎の合戦で、主の仇・明智光秀を破った。

主君の弔い合戦に勝利した秀吉は、織田家の後継者を決定する清洲会議《きよすかいぎ》で主導権を握り、信長の嫡孫三法師《ちゃくそんさんぼうし》を擁立し、自ら後見人に収まった。

いわばそれまで織田家の家臣のひとりにしかすぎなかった秀吉が、天下取りレースの先頭へ躍り出たのである。

その後の天下への大きな布石となったのが、織田家筆頭家老《ひっとうがろう》の柴田勝家《しばたかついえ》との賤《しず》ヶ岳《がたけ》の合戦、徳川家康との小牧《こまき》・長久手《ながくて》の合戦である。

賤ヶ岳の合戦では、柴田勝家と信長の三男信孝《のぶたか》との連合軍と戦うが、ここでも秀吉の才略が光る。賤ヶ岳で勝家と対陣していたが、こう着状態に陥ると、陽動作戦で勝家をおびきだし、これを破ったのだ。

そして、秀吉は天下取りへ最大の障壁、信長の同盟者だった徳川家康との戦いに挑む。天正十二年（一五八四）、家康と信長の次男信雄《のぶかつ》連合軍による小牧・長久手の合戦が始まった。この戦いで秀吉は局地戦で手痛い敗北を喫してしまう。

ところが秀吉は諦めない。今度は外交戦略によって戦いを終わらせると、母や妹を人質に出すという奥の手まで使って家康を臣従させてしまう。

相手を力で屈服させるだけではない。型破りの思考を持ち、あらゆる智謀を駆使した、秀吉ならではの作戦勝ちであった。

天下人から朝鮮出兵

こうして最大の障壁を破った秀吉は、関白《かんぱく》、太政大臣《だいじょうだいじん》に任じられ天下の覇者として全国諸大名に号令した。大坂城を築き、以後、豊臣秀吉と名乗る。

その後は九州島津氏《しまづし》を平定、天正十八年（一五九〇）には小田原《おだわら》の後北条氏《ごほうじょうし》を滅亡させて全国統一を達成。約一世紀にわたって続いた戦乱を終結させたのである。

続いて秀吉は内政にも尽力した。太閤検地《たいこうけんち》や刀狩《かたながり》を行なうなかで兵農分離を進め、身分編成や政権の基盤確立に取り組んだ。とくに太閤検地は石高に応じて兵力を動員させることに役立ち、諸大名を統制下に置くことにもつながった。

さらに、行政機関である五奉行《ごぶぎょう》、有力大名らによる五大老《ごたいろう》を設け、政権の安定を図ったのである。

一方で晩年の秀吉が執心したのが朝鮮出兵である。文禄《ぶんろく》元年（一五九二）に発した朝鮮出兵は文禄、慶長《けいちょう》の役と二度行なわれたが、朝鮮での激しい抵抗、明《みん》の援軍の到着などもあり、日本軍は苦境に追い込まれてしまう。

そのさなかの慶長三年（一五九八）八月、秀吉は幼少の子秀頼《ひでより》の前途を案じながら世を去った。

人たらしと呼ばれた人心掌握

秀吉は智謀に長けていただけではない。人たらしともいわれる人心掌握術にも人一倍優れていたといわれている。

その人心掌握術はいたるところで発揮され、家臣団の形成にも見て取れる。譜代の家来を持たない秀吉の最初の家来は蜂須賀小六《はちすかころく》などひと癖もふた癖もある土豪《どごう》や野武士上がりの者たちであった。秀吉は彼らに恩賞を惜しみなく与え、仕事を任せて信頼した。

そんな懐の深さに多くの土豪が秀吉に臣服したのである。

そんな軍団を統率するために美濃の斎藤氏に仕えていた竹中半兵衛《たけなかはんべえ》を軍師としてスカウトした。半兵衛は当初断ったが、秀吉は三顧《さんこ》の礼《れい》でもって望む。秀吉たっての願いに、ついに半兵衛も秀吉軍団に加わっている。

そして秀吉は家臣の使い方も心得ていた。秀吉の家来といえば加藤清正《かとうきよまさ》や福島《ふくしま》正則《まさのり》ら尾張出身の子飼衆、長浜城主時代に召抱えた経理に明るい石田三成《いしだみつなり》、大谷《おおたに》吉継《よしつぐ》ら近江衆ら、さらに竹中半兵衛や黒田官兵衛《くろだかんべえ》ら優れた参謀がいたことで知られる。

加藤清正ら子飼衆は戦場で活躍し、石田三成らは後方において武器や食料の搬送などを手配した。

秀吉は人材を適材適所に配し、彼らをバランスよく使うことで機動性を発揮したのである。

秀吉の読心術

織田信長《おだのぶなが》の事実上の後継者となったのが、羽柴秀吉《はしばひでよし》である。天正十年（一五八二）六月に、本能寺で織田信長が倒れると、織田家の重臣たちに先んじて、主の仇・明智光秀《あけちみつひで》を討った。清洲会議ののち、対立が決定的となった柴田勝家《しばたかついえ》を破り、最大のライバルであった徳川家康《とくがわいえやす》を降し、ついには小田原の北条氏を滅して天下人となった彼は、「人たらし」と呼ばれるほど、人の心をつかみ、心服させる才能に長けていた。

その一端を垣間見ることができるのが、彼の躍進のきっかけとなった備中《びっちゅう》からの大返しである。

二木・津本両氏は秀吉の機動力について語るなかで、秀吉が持つ「人の心を捕らえる力」について語っている。

秀吉の機動力の凄み

二木　次は、秀吉の乾坤一擲《けんこんいってき》の戦いですが、一番はやはり、備中大返しから山崎の合戦ということになりますか。

津本　まさしく、秀吉の天下取りのための必死の戦いですからね。

二木　秀吉は天正十年六月三日、高松城《たかまつじょう》の水攻めの最中に信長の死を知り、それでも平然として、四日には講和を結んで、高松城主、清水宗治《しみずむねはる》の腹を切らせる。しかも敵味方から見える船の上で切腹させて、勝って帰るんだということを明らかにします。この辺に、秀吉の度胸のよさ、凄さがあると思うのですが、いかがでしょうか。

津本　まさにそのとおりですね。私の『夢のまた夢』も、ちょうどそこから話が始まります。

二木　六月五日には軍装を解いて一日兵を休ませます。そして六日の午後から退却を始めて、七日の夜には姫路《ひめじ》に入ってしまう。そこでも一日兵を休めたうえ、

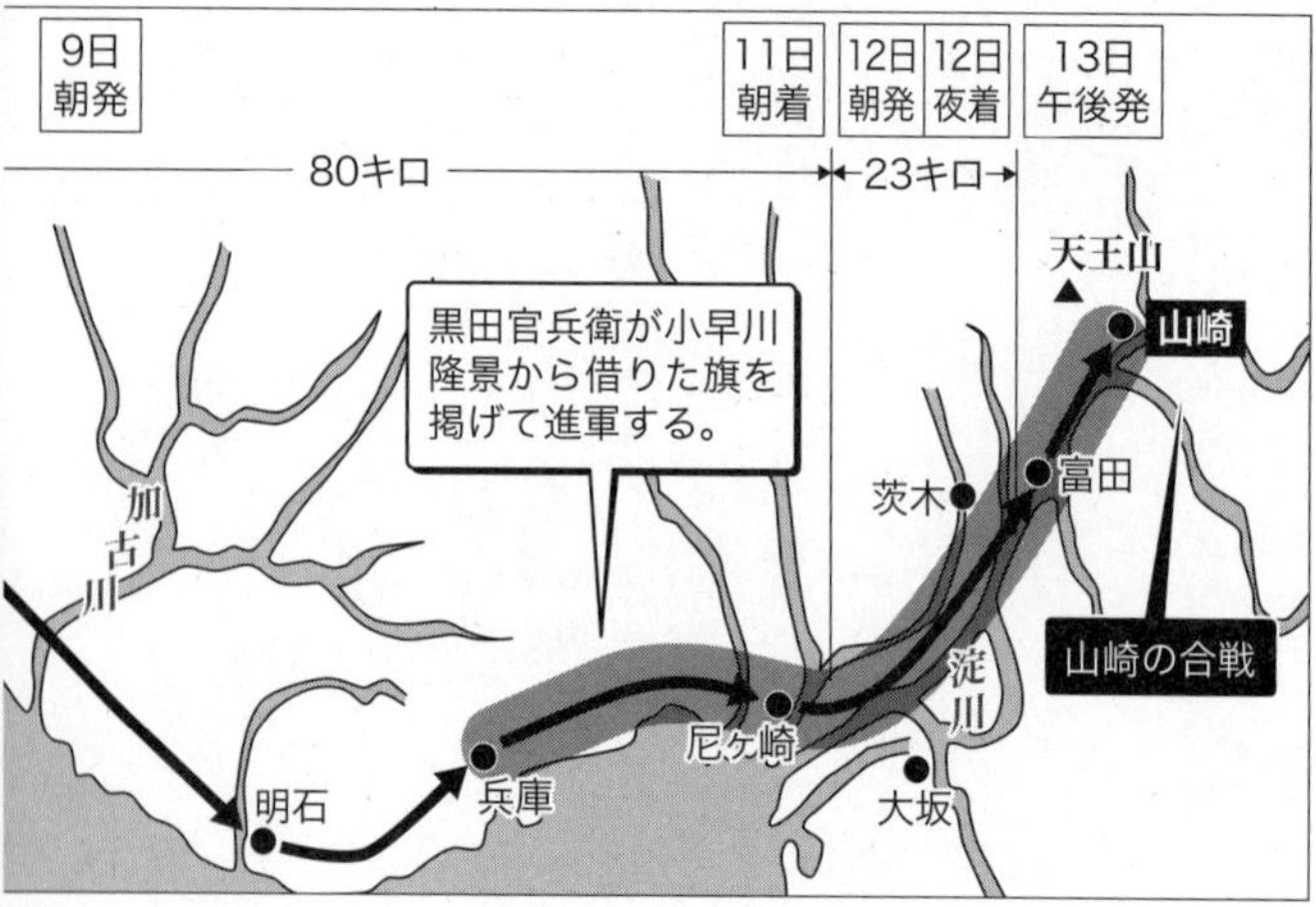
9日
朝発
11日
朝着
12日
朝発
12日
夜着
13日
午後発
80キロ
23キロ
天王山
山崎
黒田官兵衛が小早川
隆景から借りた旗を
掲げて進軍する。
加古川
茨木
富田
淀川
山崎の合戦
尼ヶ崎
明石
兵庫
大坂

全財産を家臣に分け与えて出陣する。この機動力と集中力、そして度胸で、すべてをなげうって一か八かの勝負に出た。私には、秀吉の生涯のなかでもここがいちばん好きな部分なんですが。

津本　あのわずか数日間にあれだけのことをやって引き返すというのは、とても普通の人ではできません。やはり、秀吉は大変な軍略の天才であるということと、それに運もよかったんでしょうね。秀吉自身、あれだけトントンとうまく運ぶとは思っ

乾坤一擲の「中国大返し」

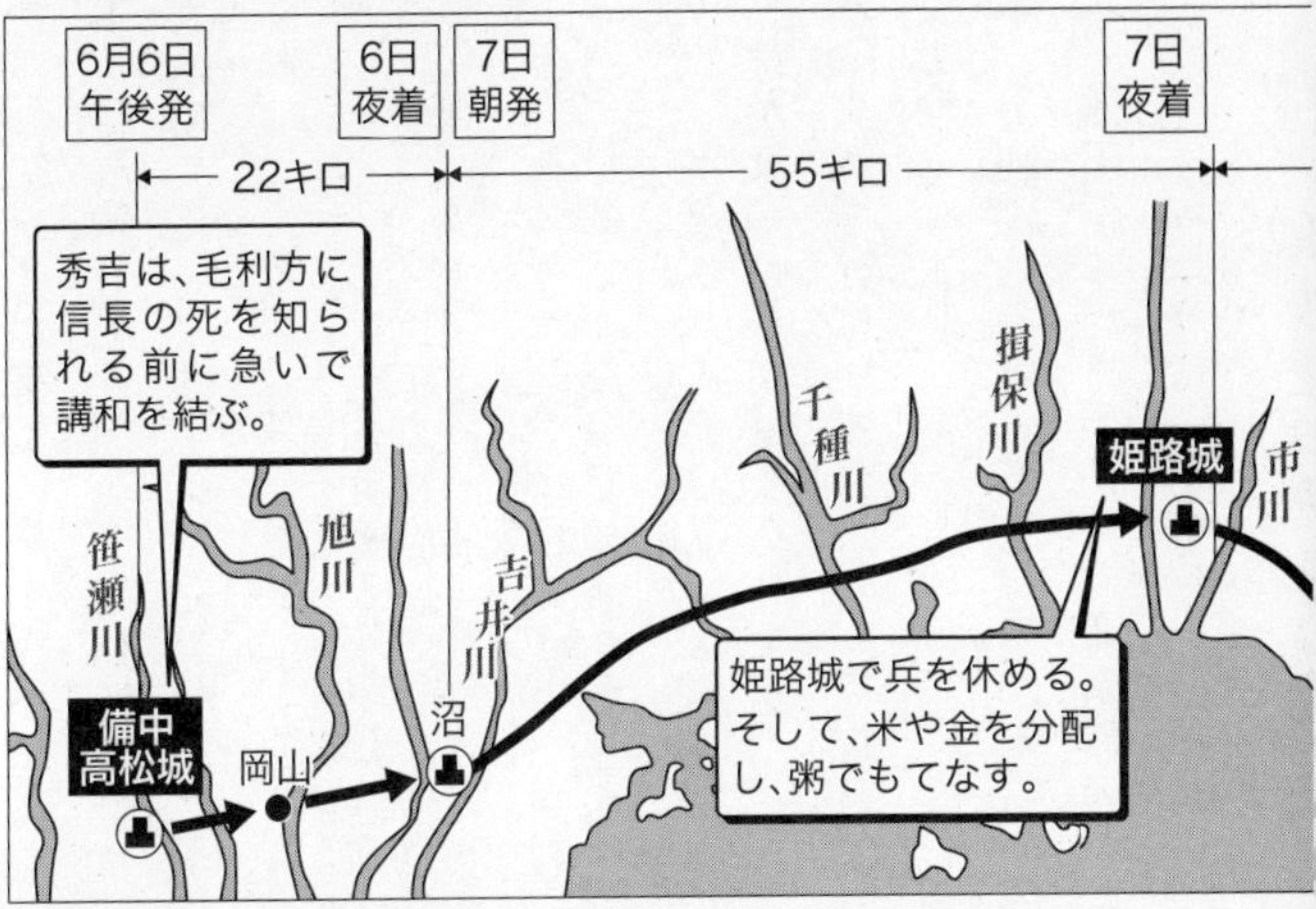
6月6日
午後発
6日
夜着
7日
朝発
7日
夜着
22キロ
55キロ
秀吉は、毛利方に信長の死を知られる前に急いで講和を結ぶ。
笹瀬川
旭川
吉井川
千種川
揖保川
市川
備中高松城
岡山
沼
姫路城
姫路城で兵を休める。そして、米や金を分配し、粥でもてなす。
本能寺における急報を聞いた秀吉は、すかさず毛利方との講和を交わすと、山陽道を東へ駆けのぼり、わずか8日で山崎へ至った。

ていなかったんじゃないでしょうか。

二木　本当にあのときはついていましたね。大体、光秀から、信長を殺したという密書《みっしょ》が、反信長の大名のところに行っているはずなんです。その毛利《もうり》陣営宛ての密書を秀吉がキャッチできたというのも運でしょう。

津本　その密書を持った密使が秀吉の陣所に迷い込んできたというのは、本当の話ですか。

二木　本当かどうかよくわかりませんが、密書を秀吉が入手したのは事実で、ほかに京都のほうからも知らせが来ています。

津本　雑賀衆《さいかしゅう》も船を出して毛利に知らせに行ってますから、毛利も信長が死んだことは知っていたはずなんですが、どうして秀吉を追撃しなかったかということですね。

二木　毛利では、吉川元春《きっかわもとはる》と小早川隆景《こばやかわたかかげ》の意見が食い違って、小早川隆景のほうは、追撃すれば主殺しの仇討ちを妨げるので追撃に反対したといわれています。

津本　そういうこともあったのかもしれませんが、実際に行けなかったという事情もあったんじゃないでしょうか。水攻めの後で大変な洪水になっていて、兵は一列でしか通れない。五万の兵を動かすとすれば何日もかかってしまうので諦めたと書かれている文献もあります。

二木　当然、運に恵まれたということもありますが、とにかく山崎の合戦となるわけです。

津本　毛利攻めでは一万五〇〇〇ぐらいの兵が、四万に増えています。

二木　織田信孝《おだのぶたか》、丹羽長秀《にわながひで》、池田恒興《いけだつねおき》なんかが加わっているわけです。それに対して、光秀のほうは一万五〇〇〇ぐらいですか。

津本　安土《あづち》までのあちこちに置いた兵を合わせると四万近くあったともいわれていますが、行政官僚の光秀には一点集中の勝負ができないんですね。

二木　自分の組下である細川藤孝《ほそかわふじたか》、中川清秀《なかがわきよひで》、高山右近《たかやまうこん》、筒井順慶《つついじゅんけい》、池田恒興《いけだつねおき》とかいった連中も味方にできませんでした。

津本　秀吉は中川清秀に信長は生きているという嘘の手紙を書いたりして、情報で攪乱《かくらん》したということも確かにあると思うんですが、本当にあっという間に山崎に戻ってきたということも大きいですよね。光秀に味方しようと思っていた者たちにも動揺が走った。

二木　あのとき、京都の公家《くげ》連中も、もし明智の力がこのまま伸びるようならついていこうかと見ているし、もたもたしていたら明智の勢力も強まった。あと半月か一カ月長引いていたら秀吉も危なかったわけで、あの機動性というかスピードが勝利に導いたと思います。

津本　それともう一つ、大将としての器でしょうね。

光秀と秀吉では、その点で大きな違いがあった。戦場に身を挺している人は、指揮官の能力を切実に感じていますからね。戦場へ行ったら目が眩《くら》んでしまうような光秀は敬遠されるし、動きにしてもそつがなくダイナミックで度胸のある秀吉のほうに誰でもつきたいと思うわけです。

『夢のまた夢』名場面

信長横死の報がその夜のうちに毛利陣営に届いておれば、羽柴勢は翌日から大攻勢にさらされ、四分五裂の大敗北を喫するところであった。

秀吉は懊悩の色をかくさず、五人に問う。

「明朝にも京都の変が漏れ聞こえたなら、敵はいきおいに乗じ、見方は力を失うて支えかねるだぎゃ。田楽狭間《でんがくはざま》の駿河衆がごときていたらくとなるは、目のまえだに、いかがすりゃよからあず」

軍師黒田官兵衛は、面《おもて》をあらためて告げた。

「いまはただ、和睦なさるよりほかには、奇策とてございませぬ。毛利家は大軍を率いておりますれども、元就死せるのちは天下を望む意なく、質素にして約をたがえざる家風なれば、平らぎ（和睦）をなしてすみやかに上洛し、惟任《これとう》を討ち亡ぼさるるこそ、御大将の道と勘考いたしまする」

秀吉の緊張にゆがんだ顔に、血の色がさした。

「よからあず、和談でや。一時も早う和談をまとめ、惟任を討たねばならぬだわ」

彼のみぞおちに、火のような激情が走った。

――儂は上さまの御仇を討つ。儂を地下人《じげにん》から大名に成りあがらせて下された信長旦那の御仇を討たねばならぬでや――

（中略）

官兵衛のいうように、今日明日のうちに和談をととのえることができれば、光秀をもっとも早く攻撃できるのは儂かも知れぬ、と秀吉の脳裡に、刺すようないたみをともなう考えがよぎった。

信長の復仇をなしとげれば、肩をならべる重臣のあいだから、一段とぬきんでることになる。

――『夢のまた夢』山崎　より

山崎の合戦

――羽柴秀吉が天下統一の一歩を踏み出したあだ討ち――

　中国大返しを敢行し、わずか八日で大軍を畿内へと戻した秀吉は、主君信長の仇討ちを喧伝して多くの味方を引き入れ、隷下《れいか》の兵力は四万近くにまで膨れ上がっていた。さらに十二日、この羽柴軍は決戦地と目される天王山《てんのうざん》へと進出し、山手を掌握する。

　対する明智光秀の動きは鈍い。近江を占領したものの味方が思うように集まらない。情報収集にも失敗し、十二日になって秀吉の進軍を知り、恐慌をきたす。結局、光秀は迎撃態勢が整わないまま勝龍寺城《しょうりゅうじじょう》を背に、一万六〇〇〇の兵で山崎の北に陣取った。

　対して羽柴軍は秀吉本隊の二万五〇〇〇に、織田信孝や丹羽長秀、池田恒興、中川清秀らを加え、総勢四万を数えた。

　翌十三日、円明寺川を挟んだ天王山麓で両軍は衝突した。明智軍は斎《さい》藤利三《とうとしみつ》、伊勢貞興が渡河して高山右近や中川清秀などを押し戻し善戦し

山崎の合戦—秀吉が踏み出した天下取りレースの第一歩

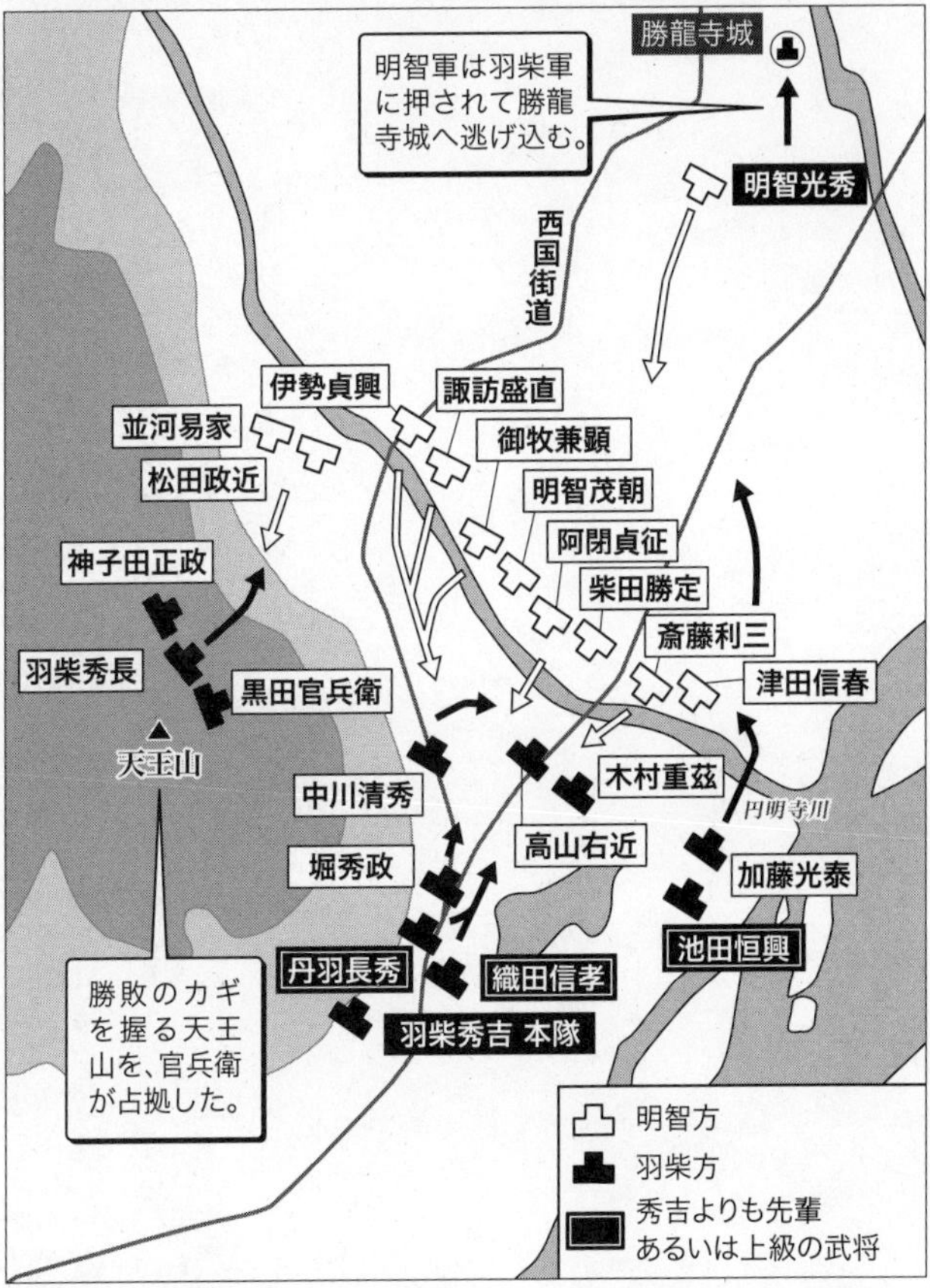
勝龍寺城
明智軍は羽柴軍に押されて勝龍寺城へ逃げ込む。
明智光秀
西国街道
伊勢貞興
諏訪盛直
並河易家
御牧兼顕
松田政近
明智茂朝
神子田正政
阿閉貞征
柴田勝定
斎藤利三
羽柴秀長
黒田官兵衛
津田信春
天王山
木村重茲
中川清秀
円明寺川
高山右近
堀秀政
加藤光泰
池田恒興
丹羽長秀
織田信孝
羽柴秀吉 本隊
勝敗のカギを握る天王山を、官兵衛が占拠した。
明智方
羽柴方
秀吉よりも先輩あるいは上級の武将

わずか8日で大軍を山崎へと戻した秀吉に対し、明智光秀は迎撃態勢が整わないままに山崎の合戦を迎える。合戦は秀吉軍による天王山の奪取、左翼の後退をもって明智方の戦線が崩壊した。

たが、羽柴方の池田恒興らが東側から側面に回り、明智軍の左翼を襲うと状況は一変。中央の堀秀政《ほりひでまさ》や信孝らも渡河して明智軍を包囲したため、明智軍は崩壊した。光秀は勝龍寺城に退却したが、兵力は一〇〇〇ほどに減っていた。その後光秀は、夜陰にまぎれて坂本へ戻る途中、小栗栖《おぐるす》にて落ち武者狩りに遭い落命した。

秀吉流金の使い方

人を動かすものは、「義」でもなく「忠」でもなく、「利」である。

そうした人間心理の本質を誰よりも熟知し、巧みに利用したのが秀吉であった。

武者働きが苦手と公言していた彼は、信長に仕えて間もない頃から調略を得意とし、他国の人材を引き抜くだけではなく、兵糧攻め・水攻めなど、味方の損害を抑える戦術も得意とした。

難戦に臨んだ秀吉は、ここぞというときに惜しみなく金をつぎ込んで人を動かし、被害を最小限に抑えつつ、大きな勝利を得ていったのである。

人を動かすものは「利」。この真理をいつどのようにして身につけ、どのように活用していったのか？　人を動かすために最も効果的な、秀吉流金の使い方とはどのようなものであったのだろうか？

金の使い方を知っていた秀吉

津本　秀吉の作戦のいちばん目覚ましい成果というのは、調略というか、美濃攻めのときでも、自分は殺されてもいいから、いったん助けた奴は殺さないでくれなどと信長に頼んだりしている。こういうことから非常に信用されるようになって、秀吉の調略には素直に応じるというかたちが出来上がってきたんです。

それからお金の使い方がもの凄くうまい。戦争の際に略奪しないのは信長が最初ですが、信長は軍需物資を徴発するときに二割ぐらい高く買うようにと言っています。秀吉の場合はそれ以上で、一〇倍も出すというわけです。だから、いらないというぐらい物が集まってくるんです。

二木　やっぱり、秀吉なんかは貧乏から上がって、もともと宵越《よいご》しの金は持たないといった生活だったでしょうから、持っている金は全部使えということになったんだと思います。高松城の水攻めのときでも、土を運んで来れば、もの凄いお金で買い取ったりしています。

秀吉の調略

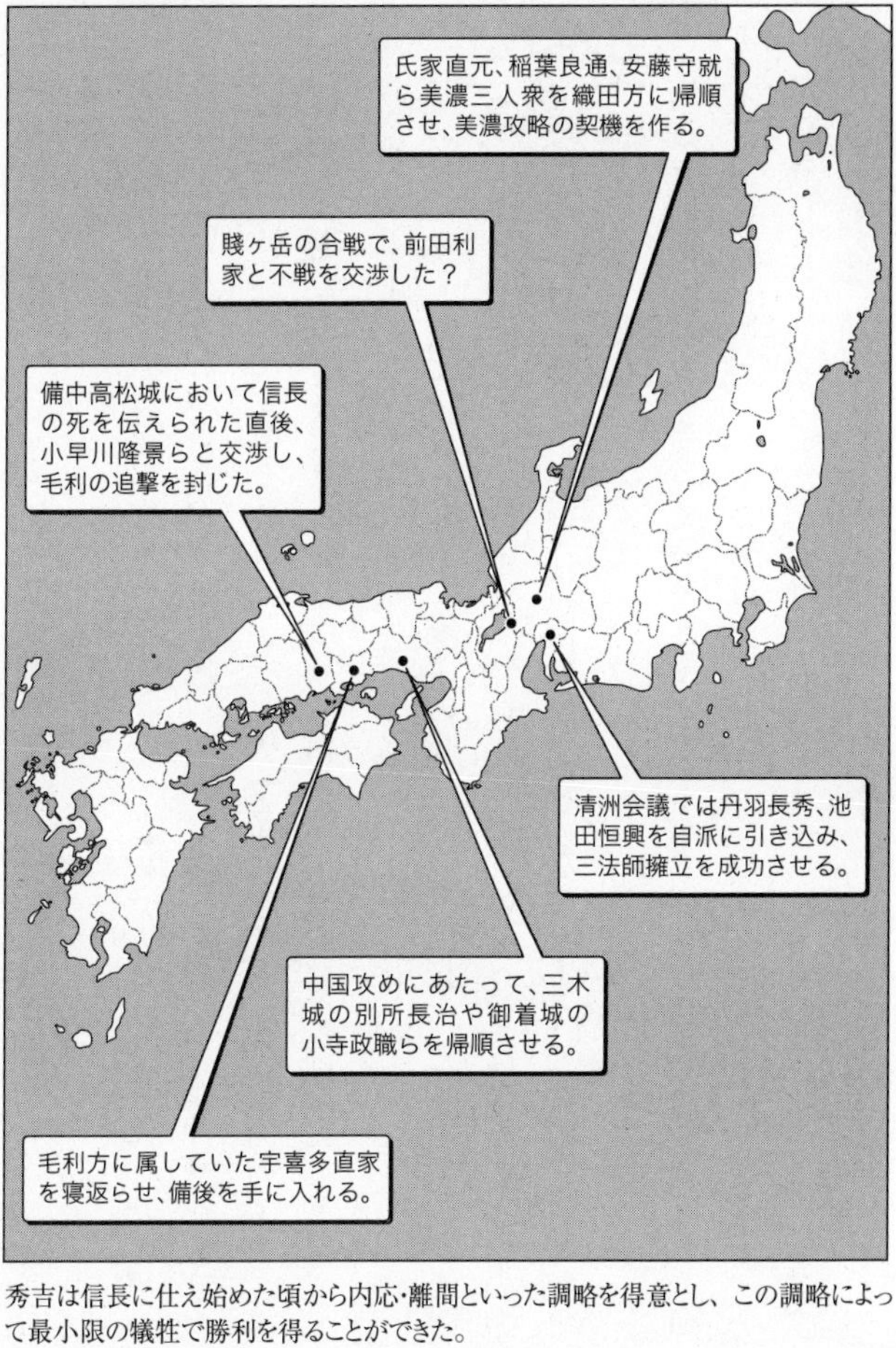

氏家直元、稲葉良通、安藤守就ら美濃三人衆を織田方に帰順させ、美濃攻略の契機を作る。

賤ヶ岳の合戦で、前田利家と不戦を交渉した？

備中高松城において信長の死を伝えられた直後、小早川隆景らと交渉し、毛利の追撃を封じた。

清洲会議では丹羽長秀、池田恒興を自派に引き込み、三法師擁立を成功させる。

中国攻めにあたって、三木城の別所長治や御着城の小寺政職らを帰順させる。

毛利方に属していた宇喜多直家を寝返らせ、備後を手に入れる。


秀吉は信長に仕え始めた頃から内応・離間といった調略を得意とし、この調略によって最小限の犠牲で勝利を得ることができた。

津本　そういう秀吉だから、好きだという人もいた半面、嫌いだという人もたくさんいたでしょうね。

二木　あんな品の悪い奴とはとても付き合えないという人はたくさんいたと思います。ただ、そんな秀吉を信長がうまく使ったとも思うんです。浅井《あざい》や朝倉《あさくら》攻めでも、何人かを寝返らせたりしますが、そういうことができるのは秀吉で、大名の出の信長ではとてもできません。やはり、信長は、秀吉の素性なども考えて、適材適所で巧みに使ったのではないでしょうか。

津本　どっちにしても、信長・秀吉・家康の時代というのは、日本がもの凄くダイナミックに膨れ上がっている最中です。日本が世界のトップになるぐらいの力があった時代だと思うんです。特に、信長は世界的なスケールでものを見ていましたね。

二木　秀吉も信長の影響を受けているんですが、ただ時代が違っていたような気がします。信長は、侵略されることはないと言っていました。しかし、秀吉のときには侵略される恐れが出てきたように思います。ポルトガルやスペインもアジアに進出してきているわけですから。それで明国とはずっと属国関係にあるし、ナショナリズム的な独立意識もあって、朝鮮出兵という行為に出たとも考えられます。

高松城水攻め

――城を丸ごと水没させ、常識を覆した羽柴秀吉の壮大なる水攻め――

天正十年（一五八二）、中国攻めにあたっていた羽柴秀吉は、備中高松城に迫った。

城主清水宗治に降伏勧告を申し入れるが、信義に篤い名将として知られる宗治はこれをきっぱりと拒絶する。かくして秀吉は高松城攻めに乗り出した。

秀吉は高松城北方の竜王山に陣を置くと、高松城周辺の宮地山城《みやじやまじょう》、加茂城《かもじょう》、冠山城《かんむりやまじょう》、日畑城《ひばたじょう》などの支城を落とし、高松城を孤立させた。

四月二十七日、総攻撃を仕掛けたが、手痛い敗北を喫している。

そのため秀吉は本陣を高松城の東の石井山まで進めたが、戦線は膠着《こうちゃく》状態に陥っていた。

秀吉軍の三万三〇〇〇に対し、高松城の兵はわずか五五〇〇。これだけ圧倒的な兵力差があるにも関わらず、秀吉が攻めあぐねたのは、高松

備中高松城水攻め

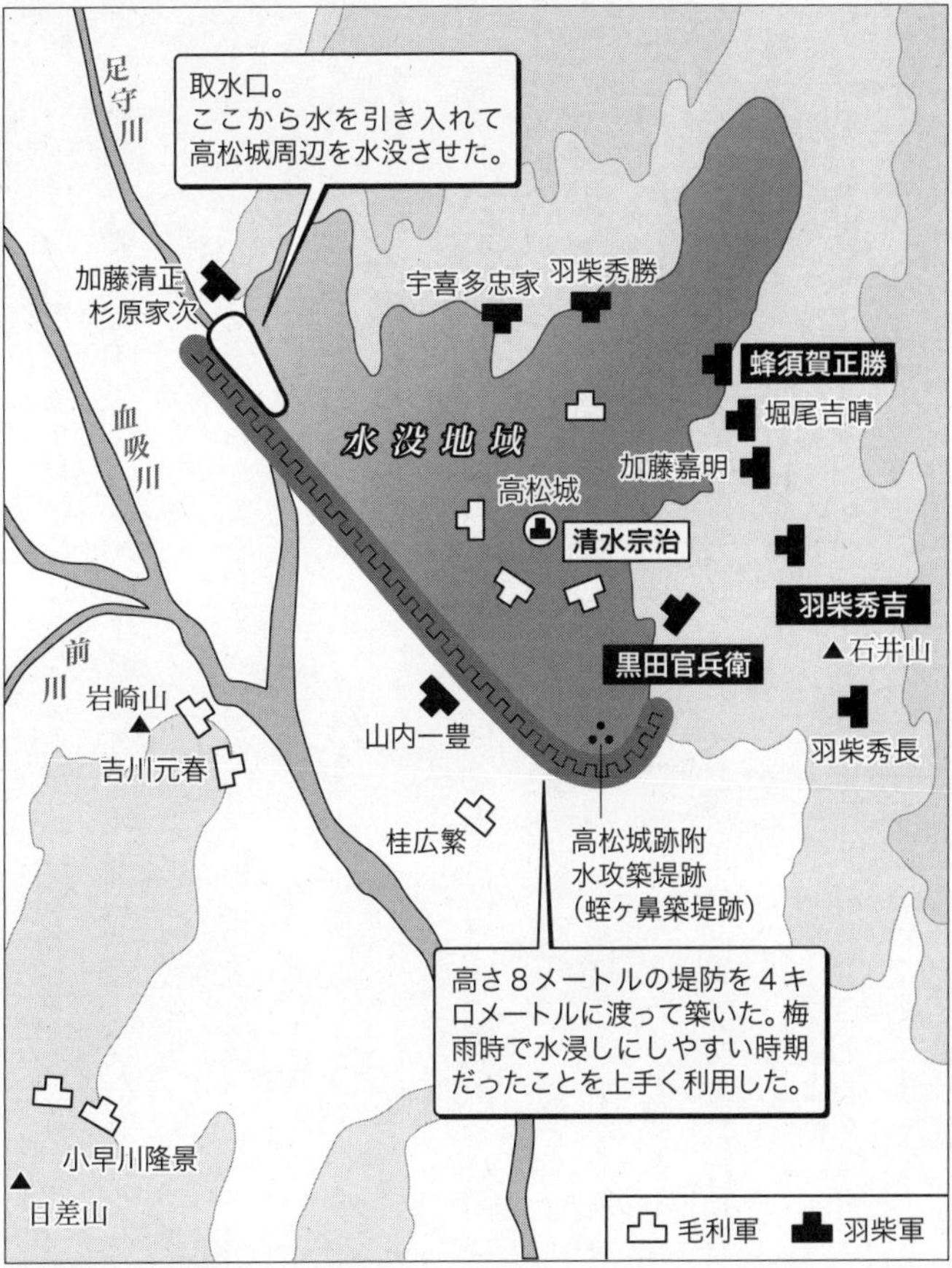

足守川
取水口。
ここから水を引き入れて
高松城周辺を水没させた。
加藤清正
杉原家次
宇喜多忠家
羽柴秀勝
蜂須賀正勝
堀尾吉晴
血吸川
水没地域
加藤嘉明
高松城
清水宗治
羽柴秀吉
石井山
黒田官兵衛
前川
岩崎山
吉川元春
山内一豊
羽柴秀長
桂広繁
高松城跡附
水攻築堤跡
(蛭ヶ鼻築堤跡)
高さ8メートルの堤防を4キロメートルに渡って築いた。梅雨時で水浸しにしやすい時期だったことを上手く利用した。
小早川隆景
日差山
毛利軍
羽柴軍

羽柴秀吉は大規模な水攻めを行ない、城を孤立させることで、備中高松城城主清水宗治を自害に追い込んだ。

城が、特殊な地形を活かした特異な城だったからである。

吉備平野のほぼ中央に位置する平城の高松城の周囲は、沼や深田などで囲まれた湿地帯となっていた。

城に通じる橋は一本しかなく、攻め込むには船しか使えないという、堅牢な城だったのである。

前代未聞の水攻めの計

高松城の堅い守りを前に焦りを感じていた秀吉に軍師の黒田官兵衛《くろだかんべえ》が、この地形を逆手に取った奇想天外な策を進言する。

それは水攻めである。城の西北から東南へ流れる足守川《あしもりがわ》の流れを堰《せ》き止めて、水を城の周囲に流し入れ、城を水没させようというのである。

秀吉は喜んでこの策を受け入れた。そうと決まれば思い切った行動力で仕上げてしまうのが秀吉の身上だ。

多額の報酬でもって周囲の住民を総動員し、わずか十二日間の工事で、延長四キロ、高さ八メートルの壮大な堤防を完成させたのである。

五月十九日の完成直後から雨が降り始め、濁流がだくだくと城へ向かって流れ込み、城内の施設はまたたくまに水没していった。数日後、二〇〇ヘクタールの湖が形成され、高松城は本丸の上部のみを水面に残す浮城となったのである。

泥水が入り込んだ城内はまさに悲惨だった。

腐臭がただよい、横になって眠ることができないなど、日常生活さえままならない。食料もほとんど水につかり、兵糧《ひょうろう》は乏しくなる一方。城兵たちは疲れ果て士気は衰えていった。

二十五日には毛利の援軍一万余が到着したが、すでに秀吉軍は石井山の秀吉本陣を中心に、城の西北から東南に至る三方面に包囲網を張っており、援軍は兵糧を搬入することができなかった。

手詰まりとなった毛利方はついに和睦《わぼく》を申し入れる。

毛利側の提示は備中、備後《びんご》、美作《みまさか》、因幡《いなば》、伯耆《ほうき》の五か国を割譲する代わりに、城主・宗治を含むすべての将兵を助命すること。ところが秀吉はあくまでも宗治の切腹にこだわった。

とはいえ毛利も忠義の将をむざむざ殺すのは忍びない。和睦交渉は平行線をたどった。

そこで毛利の外交僧・安国寺恵瓊《あんこくじえけい》は、高松城内に乗り込み、事態を宗治に説明した。宗治はすべてを悟り、毛利と城兵を救うことができるならと喜んで切腹を承諾。これが秀吉のもとへ伝えられた。

ところが六月三日の晩、秀吉のもとに京都の本能寺で主君・織田信長が明智光秀に襲われ、命を落としたという知らせがもたらされる。

もうこうなれば中国攻めどころではない。秀吉はそ知らぬ顔をして四日の朝、和睦を承諾した旨を伝えさせ、宗治の切腹を見届ける。

宗治は小舟を漕いで秀吉の本陣前までやってくると、誓願寺の曲舞《くせまい》を謡いつつ舞い、舞い終えたのちに自刃して果てたという。

そして、毛利が引き上げたのを確認した六日の午後、高松を撤収して一路、山陽道を東上していったのである。

和睦ののち、毛利陣営にも本能寺の変の報せが届いていたが、秀吉を追撃しようという強硬論を小早川隆景らが制止したといわれる。この判断が毛利家を豊臣政権下での安泰へ導くこととなった。

秀吉の使われ方

会社組織において、失敗をしても上司から可愛がられる部下がいる一方、どんなに優秀であっても上司から敬遠される部下がいる。信長率いる織田軍団において、中途採用ながら、信長に最も重用される存在として双璧を成したのが、明智光秀と羽柴秀吉であるが、両者に対する信長の感情は対照的なものだったといってよい。

命令には絶対服従を要求する信長に対し、秀吉は何度かこれを無視する行為に出るが、不思議と赦《ゆる》されている。しかし、光秀は信長の命令を無視することもなく、忠実に仕事をこなしながら、ひょんなことで信長の怒りを買うことが幾度となくあり、やがてノイローゼ状態に至る。

両者の違いはどこにあったのか。果たして上司に気に入られる秘訣とは何か。

秀吉とその周辺の人々から、現代社会にも通じる組織での生き方が浮かび上がってくる。

戦闘の大規模化とブレーン

二木　時代が変わって、戦争のやり方が鉄砲戦や槍の集団歩兵戦になってくると、例えば「啄木鳥《きつつき》の兵法」というのが武田信玄《たけだしんげん》にはあるし、謙信《けんしん》にも「車懸の陣《くるまがかり》」が出てくる。あんなのは、それまでの中世的、古典的な兵法ではなくて、いわば新しい戦術でしょうね。

それから、信長の時代になると、戦争のやり方自体が鉄砲を三〇〇〇挺も使ったり、あるいは長篠《ながしの》の合戦でも四万近い軍隊を動かし、関ヶ原になれば十五万からの大規模な戦争になってくる。

そうすると今度は、忍者が出てきたり、情報戦とか外交戦・調略戦になってくるわけです。ここは津本さんのお得意のところですが、その辺についてお話をいただきたいと思います。

津本　やっぱり信長は徹頭徹尾、情報戦ですね。戦うまでに勝敗の七割は決まっているというぐらい、情報に重点を置いているんです。細作《さいさく》（忍びの者）を駆使して情報を集める。しかし、それを分析、判断して戦略を立てるのは、結局、信長一人なんですね。一人ですけれども、信長は譜代衆《ふだいしゅう》――柴田勝家とか、非常に強力な戦力と、それからゲリラの特徴も非常に持っていた。豊臣秀吉があれだけ大成功をしたのも、やはり蜂須賀小六とかを家来に持っていたからだと思うけれども、人の意表をつくような戦いぶりをするわけです。

　そういう両方の特徴のある家来を車の両輪にして使っていたから、みんなをなぎ倒していったんじゃないかと思うんです。

　信玄や謙信にしたって、謙信は、僕はあれはもう本当に戦いの天才といいますか、とにかく単独行動をとりながらも、みんなを引っ張っていくようなところがあったと思うし、信玄の場合は、非常に合理的で、信虎《のぶとら》の時代に比べると非常に現代的になっていると思うんです。ところが、実は長篠でやられたときには、名だたる外様の武将が、「勝頼《かつより》にいくら意見をしたって聞かない、しょうがないからここで死んでやろう」と言いますし、親戚衆がみんな逃げますね。あのときの戦いぶりは、信長の鉄砲隊と比べたら、断然、もう時代おくれになっていますよね。

だから、どんどん変わっていく状況を先取りして、血筋も何も言わずに優秀な補佐役を抜擢して活用するという点では、信玄もやりましたけれども、信長の場合にはもっと徹底してやっている。

ところが、中世の有力な大名は、戦うときにはお互いの戦力を見せ合って、戦ったら大損害を受けるということで、一ヵ月か二ヵ月か対峙して、物別れになって何となく和睦する。

二木　それはありますね。川中島《かわなかじま》なんかは、お互いに戦力の強いところを見せ合う。だから、戦う前に情報、兵力を集めるというのが秀吉とか信長にしても特徴ですけれども、まず武器と優秀な精兵を見せれば敵が手を出せないということがあるんですね。ですから、私は、軍師が活躍する中世的な戦争は、中小規模な戦闘であって、そこには、当時の日本人を規制していた価値観、世界観、宗教観、そういうありとあらゆるものから抜けられない時代があったと思う。

それが戦国になってくると、武器が鉄砲や槍の集団戦になり、戦争のやり方が変わってくるから、従来の古典的な兵法では間に合わなくなる。だから、織田信長は新しい軍略家――新しい軍師といってもいい――であると思うんです。

もちろん、信玄にしても、古典的な兵法も使いますけれども、例えば城攻めに甲州金山《こうしゅうきんざん》の金掘りを使って、トンネルを掘ってやるとか、新しいことをやっているわけです。信長にしたって、桶狭間の出陣のときに、戦評定をやっても重臣の意見を聞かないで、それを無視して独断で新しいことをやるわけです。

さらに大量の鉄砲を活用するとか、情報と数の力、物量で勝つという、新しい時代の戦争をやるわけです。そうすると、軍師とかいったものも要らなくなってくるし、その家臣団の中身も変わってくる。

従来の、精神力がすべてであったような戦争とは違って総力戦、物量戦の時代になってくると、今度はそれを支える補佐役、ブレーンの中身も変わってくる。そしてそれが信長・秀吉・家康の時代に、中世から近世的な時代に転換した中でどのように変わってくるかというお話に移ろうかと思うんです。

補佐役を必要としない信長の個性

二木　そこでまず信長です。今度は軍師ではなくていわゆる参謀の時代になってくるわけですが、信長には果たして参謀はいたのでしょうか。

津本　そういう形跡はあんまりないですね。信長は部下を自在抜擢で、手足のように使うんですけれども、相談はしなかったんじゃないか。

二木　そうですね。若いころは平手政秀《まさひで》とか林秀貞という、一種の老臣・補佐役がいますが、それはまだ幼少年期、若年であるということで父の信秀からつけられた後見役ですね。津本さんは、『下天は夢か』の中で平手政秀という人物をお書きになっていますけれども、信長との関係はどのようにとらえているわけですか。

津本　最初は平手《ひらて》というお守り役に育てられたわけですから、人格的な影響は受けたと思うんですけれども、信長のほうが個性が強いから、平手政秀は、信長に対してそんなに大きな影響は与えていなかったように思うんです。

二木 そうですね。例えば十四歳の時の初陣《ういじん》にしても、筋書きをつくったのは平手でしょう。それから美濃の斎藤道三《さいとうどうさん》の娘の濃姫《のうひめ》（奇蝶）を迎えるときにも、ある程度、役割を果たしているんだと思いますね。ところが、だんだん信長が成人をして自立してくる、独立心が出てくると、平手がうとましくなるというか、邪魔になる。だから、若いころは後見であっても、一人前になると、もう信長の個性が出てきて「うるさいじじいは要らない。おれにはおれの考えがある」ということになってきますよね。

津本 そうですね。

二木 そうすると、信秀《のぶひで》が死んで信長の時代になってからの補佐役というのは……。

津本 秀吉における竹中半兵衛《たけなかはんべえ》のようなのもいないですね。

二木 信長というのは、あまりにも天才で、並みの人間とは器量才覚が離れすぎていたから、あんまり参考になる意見がない。それにまた親炙《しんしゃ》ぶった、生意気な口をきくやつは大嫌いというところがあるんですね。どっちかというと、独裁者であって、自分が一番だと。

歴史上、同じように独裁者といわれる足利義満《あしかがよしみつ》もそうですね。子供のころには細川頼之《ほそかわよりゆき》がいて、平手政秀と同じように補佐をしていたけれども、一人前になると、もう全部独裁になる。周囲の意見などは問題にせず、義満がみずから思うように専制的な権力づくりをして、天才的な手腕を発揮していく。非常に信長と似ているところがありますね。

津本　だから、中世にしても近世の戦国の大名にしても、有力な大大名になり上がるような連中にとっては、軍師といってもほとんどたいこ持ちみたいな感じですよね。当人がものすごく馬力の強い自動車みたいだから、家来はみんな、うしろをついていくだけで精一杯です。謙信も信玄も信長もそんな感じがします。ところが、秀吉、家康になってくると、これは家来の言うことをよく聞いた。あそこあたりからどんどん変わってきますね。

二木　聞かざるを得ないところがあったと思うんです。やっぱり、信長の時代と、秀吉や家康の時代とは違うんだと思うんです。

名補佐役ということなんですが、補佐役は「ブレーン」という言い方ができるでしょう。その中には、現在の会社とか組織などでよく使われる言葉としては

「スタッフ」というのと「ライン」というのがありますね。どちらかというと、スタッフは企画立案をするコーディネーター的な、何とか委員会とか、頭脳集団的なグループであるのに対して、ラインは実務をやり行政にタッチしていくものであるという分け方になるかと思うんです。

これは秀吉や家康の時代になってくるとはっきり分かりますけれども、信長のときにもやっぱりいたと思うんですね。信長は上洛《じょうらく》をする前は、ほとんどこれといった補佐役はいなかったでしょうけれども、上洛して、織田政権を主宰して、行政をするようになってくると、そういうスタッフなりラインなりを実際に使っていく必要が生じるわけです。その一部を明智光秀であるとか細川藤孝であるとかいう連中が担ったと思うんですが、津本さんとしては彼らの位置づけはいかがなんですか。

津本　織田信長は京都で軍事政権を立てて、旧支配階級といいますか、朝廷とか公家とかいう勢力との折衝をしたり、そのほかの京都の行政をしたりするわけですが、それは、やっぱりあの連中がいなかったらできないですね。幕府奉公衆《ほうこうしゅう》とかいろいろありますけれども、やっぱり彼らはそういう点で必要だった。それでなかったら、光秀なんかあれだけ重く用いられなかったでしょうね。税金の取り立ても信長よりも非常に上手であったというようなことを、僕は何かの史料で見ましたけれども。

二木　行政実務、官僚的な実務ができるわけですね。

津本　そうです。

二木　織田信長の重臣というふうに考えると、例えば柴田勝家とか滝川一益《たきがわかずます》とか、丹羽長秀《にわながひで》、佐久間信盛《さくまのぶもり》とかいうのがいますね。それは、秀吉も含めて全部、今でいえば師団長《しだんちょう》、軍団長であると同時に独立した支社長クラスであって、いつも信長のそばにはいないわけですよね。地方にいる非常勤取締役といったところで、招集があって本社での会議には来るけれども、通常は自分の支社にいる。これはやっぱり本当の補佐役ではなかったと思うんです。

津本　なるほど。

二木　そこで、安土城が織田カンパニーの本社とすると、本社の社員というのが問題になりますが、専務取締役クラスがいないんですね。課長クラス、中間管理職はいっぱいいます。例えば行政をさせると堺奉行の松井友閑《まついゆうかん》とか、京都奉行の村井貞勝《むらいさだかつ》とか、初期には明智光秀もそうですけれども……。

津本　長谷川秀一《はせがわひでかず》とか堀秀政《ほりひでまさ》とか……。

二木　そうですね。近臣、実務をやる奉行といわれる連中。あるいは幌衆《ほろしゅう》（母衣衆）なんていう、信長の命令を下達させるための直属将校みたいなものを走らせる。それらを手足、ロボットのように使うわけです。

　ですから、信長の場合、ラインといわれる行政官は奉行ですよね。信長の命に従って実際に堺や京都やさまざまなところの行政を担当する。もちろん光秀もそうだったんです。幕府や朝廷を担当した。そういう連中、つまり手足となる行政官は、補佐といえば補佐です。あとは、大きなのはみんな支社長クラスです。そうすると、日ごろ信長の相談に乗っていた、歴史学者の小和田哲男さんの言い方をすると参謀、これはいたのか。私はいなかったような気がするんです。

津本　いないと思いますね。全然いないんじゃないですか。

二木　いろいろ顧問はいますよね。ルイス・フロイスだってそうでしょうし、あとは千利休《せんのりきゅう》とか今井宗久とかいった堺衆《さかいしゅう》……。

津本　情報を収集する窓口といった人間はおりますね。

二木　津本さんの堺衆の位置づけはいかがですか。今井宗久とか千利休とかについての。

津本　それはやっぱり信長にしたって、堺には、まあ脅しはしましたが、南蛮からの鉄砲とか鉄とか煙硝とかいうものの窓口がもちろんありますし、あそこの代官になりたいというぐらい、堺とのちの博多の商人の上げる収益はものすごく大きかったんでしょうね。

二木　そうでしょうねえ。堺は貿易の中心地ですし、また広く国内、国外の情勢を知る情報源でもあるし、いろいろな意味で大事なところだった。いうならば、商社とメーカー、武器製作工場、つまり三菱商事と三菱重工が一緒になったようなところがありますね。そういうものに注目していく。けれども決してこれは補佐ではないですよね。

津本　ないです。やっぱり信長は利用していたんです。また、ただ利用するような形でしかやらなかったんじゃないですか。

二木　そうでしょう。信長はあんまり頭脳が優秀すぎるから、すべて命令は自分が出して決断するんであって、その命令どおりにいかに実行させるかということで、幌衆とか、そういう伝令将校を飛ばして、支社長を牛耳っていった。それが信長のやり方だった。

ただ、ここで「ナンバー2」というのが問題になりますけれども、信長の時代のナンバー2はだれなんでしょうか。

津本 本能寺の変のころの織田政権では、ナンバー2はやはり柴田勝家ですかね。でも柴田は遠くへ飛ばされていますね。

二木 そうですね。

津本 そうすると、中心にいたナンバー2は明智光秀でしょうね。

二木 禄高というのはいわば給料ですから、光秀も五万石から……。

津本 「四十二万石」ですかね、最後は。

二木 ほとんどの支社長は北陸や中国地方にいる。関東には滝川がいたりするわけです。信長の近辺、畿内に一番近いところにいたというと光秀になるんでしょうか。

津本 そうですねえ。

二木 それは光秀がそれだけ重要視されていたということにはなるわけですね。

非常に有能な行政官であり、確かに上洛してからの信長を支えてきた。朝廷とか幕府とかの窓口、パイプ役として使えた。行政が一番できたという点では有能だったわけです。秀吉なんかの場合はほとんど信長のそばにいませんからね。光秀はあんまりそばに居すぎたから鼻につかれちゃうんでしょうねえ。

『下天は夢か』名場面

「大紋烏帽子の肩の凝るいでたちは、公家にいたさせておかばよからあず。儂は常着でよいのだわ」

光秀はそのままひきさがろうかと迷ったが、やはりいわねばならないと心を決めた。

「若さまとの九年ぶりのご対面なれば、上さまほどのお方さまが、常着にてお出ましなさるるは、客人がたのお手前もあれば、いかがかと存じまするが」

「なんと申す。安土は儂が城だで。客人とて、招かるるを栄《は》えとよろこびおるだわ。儂が常着にあればとて、行儀も知らぬといやしむ者のあろうかや。公家は行儀を知るばかりにて、神歌を謡い、儀式をいたすすべをこころえてもおろうが、そのうえに何の能も持たぬだわ」

信長の語調が急に激しくなり、ついに光秀を罵《のの》しる。

「ここなキンカ頭が、出過ぎし口をきくものでや。そのほう、明日の支度はいたさずともよかろうでさ。早々に坂本へ立ち帰れ」

信長はすさまじい眼光を向け、光秀は言葉もなくあとじさり、座敷を退出した。

――『下天は夢か』本能寺　より

戦国の軍師

――軍師はもともと占い師だった⁉――

軍師というと『三国志演義《さんごくしえんぎ》』に登場する諸葛孔明《しょかつこうめい》のような、作戦を立案し、自由自在に部隊を動かして自軍に勝利をもたらす参謀的イメージが強い。日本では、そうした参謀の登場は遅く、戦国時代の中期、合戦が大規模になってからのことである。

それまでは、「軍配者《ぐんばいしゃ》」といって呪術的要素を多分に含んだ者が「軍師」であった。彼らは出陣の日取りや方角などを占い、天気を予測し、戦勝祈願など戦時における様々な儀式を執り行なって、迷信的な面から自軍を支えた。

戦国時代中期以降は、この軍配者をルーツに、様々なタイプの軍師が登場し、それは策士型、参謀型、官僚型、外交型に分けられる。

策士型は君主のそばに仕えて戦略、戦術を立案するタイプで、豊臣秀吉の竹中半兵衛や黒田官兵衛などがいる。

参謀型は策士型と似てはいるが、こちらは戦略を立てながら、時には自ら兵を率いて戦い、または内政も取り仕切るという万能型である。主家を担う重要な役目なので、伊達の片倉小十郎《かたくらこじゅうろう》、毛利の小早川隆景、島津義弘などはこのタイプである。

外交型は他家との外交に長けた参謀で、講和交渉などにも当たった。とくに僧侶という地位を生かして自由に各国に出入りした外交僧がよく知られている。今川義元の軍師太原雪斎《たいげんせっさい》や、毛利氏の外交僧・安国寺恵瓊《あんこくじえけい》らが活躍した。

官僚型は戦乱が収束しつつあった戦国後期に登場した存在である。天下統一の動きのなかで、安定した統治を行なうためにこうした補佐役が重用された。豊臣秀吉の石田三成らが典型例といえる。

では、使う方ではなく、ナンバー2とか補佐役の立場といった、使われる側の立場に立った場合、自身はどうあるべきなのだろうか。

伸びた秀吉、潰れた光秀

二木　一番よくわかるのは明智光秀と秀吉の違いです。どちらも最後は信長のナンバー2を争ったといってもいいと思うんですが、その違いはどこにあったんですかね。

津本　光秀は結局、行政官僚で窓口をあずかっているというところがありましたね。ところが秀吉が毛利攻めで功績を上げてゆき、光秀は、幕府奉行衆がずいぶん育ってきたので、存在感がだんだん薄れてきたというようなことで、大変気が滅入るような状況に追いやられていた。それで、信長と光秀の関係は、言われるような信長がいじめたとかいうことはなかったにしても、実力の面において光秀は秀吉に完全に抜かれるというような状況が出てきておったわけです。それとやっぱり、京都に侍大将を三人常駐させて、諜報をあずからせておった。そういうことを高柳光寿さんが書かれておられてますけれども、そういう諜報関係とかそんなものにも携わっていて、やはり足利義昭《あしかがよしあき》かなんかにそそのかされたのかどうか知らないんですが、あのとき実際、信長は確実に殺せるという状況だったんですね。

二木　そうでしょうね。

津本　あれでふらふらとなったというのは、光秀の方が秀吉に比べて——秀吉は信長がそういう状況にあっても殺したかどうかですねえ。そのあたりはちょっとわからないですね。やっぱり光秀のほうが何か内向的というんですか、だんだんとノイローゼみたいな状況に陥っておったと考えざるを得ないと思うんです。

二木　そうですね。だから、光秀もやっぱり信長という人間のそばにいたことが不幸だったんですよね。彼は有能で信長のそばで京都の行政に携わって使われたけれども、そばにいたことが結局、不幸を招いた。

秀吉は結局、中国方面の軍団の司令長官、いわば支社長であって、非常勤取締役ですから、呼ばれれば来るけれども、ふだんはいないわけです。そこのところの人間関係で、秀吉はちゃんとトップを立てるこつを知っている。要領がいい。

御機嫌とりが上手っていえば上手。それはやろうとしてではなく、自然に出てくるんだと思うんです。

ですから高松城攻めでも、中国攻めの最後の手柄はトップの信長が出なければだめだと援軍を要請している。秀吉だって落とせるんでしょうけれども、最後の命令はトップにやらせる。常にナンバー2、補佐役という分をわきまえた行動をとって、信長の感情を害さなかった。

光秀はあまりにもクールで行政官的なエリートであった。エリート官僚的に出世した。室町幕府に仕えていたとか、もとはといえば土岐の一族だとかいうことで、家柄もいいし、感覚的に秀吉とは違うし、一面では信長より上だという意識もあったかもわからない。いっぽう信長にすれば、そういう知恵者面がだんだん鼻についてくるし、参謀ぶっているのも気に入らない。いうならば、光秀はあまりにもナンバー2を意識したというか、トップに対して不遜の気が出だしたんでしょうね。

『夢のまた夢』名場面

梅雨に入り、連日の大雨がつづくと、高松城は二百町歩の湖水のなかに没し、わずかに本丸上部を水面にあらわすのみとなる。

そのため毛利勢の主力が後巻《うしろまき》（増援）に駆けつけたのである。秀吉が信長に救援を求めたのは、敵の兵数が把握できず、不安に耐えられなかったためであった。

将右衛門は睡気をこらえ、あせものうえを糠袋でこすられる心地よさを、楽しんでいた。

——信長旦那が大人数にてご出勢《しゅっせい》なされたなら、毛利のともがらも、もはや赦免を願うたとてお許しにはなるまいでや。さすれば安芸から周防、石見にいたるまで、旦那がご領地でさ。うちの御大将も、先は青天井だわ。どれほどの身代《しんだい》にならるるか、見当もつけかねるだで——

『夢のまた夢』山崎　より

有能ながら信長に嫌われた光秀と、失敗をしても信長に気に入られ続けた秀吉の違いが浮き彫りになったことだろう。才能が鼻につきすぎて嫌われた光秀のような存在は、実は秀吉の部下にも存在した。有能な人物でありながら、組織のなかでつまはじきにされてしまう悲劇を味わった人物。それが黒田官兵衛だ。

官兵衛は、中国攻めを担当する秀吉のもとにあって参謀として活躍し、中国平定さらには秀吉の天下統一に貢献した。しかし、彼に与えられた報酬は、畿内から遠く離れた豊前《ぶぜん》国六郡。背景には、官兵衛に対する秀吉の警戒心と嫌悪があったともいわれる。

では、その運命をわけた失敗はどこにあったのか。次は秀吉との関係のなかで出来る男・黒田官兵衛の生涯を分析する。

官兵衛の運命を決めたひと言

二木　我々の身の回りを見ても、なかなかの才能を持った人はいますよね。だけど、非常に優秀だと思っていても、そのうちに野心だとか魂胆が見えてくると、何か目ざわりになってくる。鼻についてくる。そういう人が結構いますよね。

やっぱり会社の中には経理の帳簿つけとかが上手な人とか、行政の手腕のある人とか、外交とか渉外の得意な人とか、さまざまいますでしょう？　その中で、黒田官兵衛というのはどっちかというと外交、渉外の分野を得意とした人ですね。だから、優秀な渉外部長になるぐらいのところで、しかも非常に小才がきく。

ただ、それが鼻につくっていうのはエピソードでもあって、信長が死んだら、高松で秀吉に「これは天下を取るチャンスだ。大ばくちを打て」と言ったといいます。たとえ秀吉がそう思ったにしても、こんなことを言われたら、秀吉はこのやろうと思いますね。

津本　そうでしょうね。言うこと言うことが先が見えて、姫路城《ひめじじょう》を譲ってくれたことにしても、秀吉はそのときはありがたいと思っても、その後、すべてが計算づくで言っていたとしたら、これはつき合っていくうちにだんだん鼻についてきますね。

二木　最初は「弟のように思っている」なんて言って目をかけたけど、確かに手足に使うには便利で、やらせているうちはいいけれども、時期が来たら、こんな食えない男は好かんというふうになってきて、だんだん遠ざけられた。

本当の人の信頼関係というのは、やっぱり誠実であるとか、裏切らないとか、とことん信用ができるというものがなければならないわけで、黒田官兵衛のようなのは……。

津本　使いやすい……。

二木　ええ。一面では使いやすい男だし、才子、策士だけれども、本当に心から信頼のできる男かということになってくると、おそらく秀吉は後になって鼻について遠ざけたんじゃないかと私は思います。

津本　なるほど。

二木　それもやはり、「狡兎《こうと》死《し》して走狗《そうく》烹《に》らる」じゃないけれども、もう時代が去って、黒田官兵衛の働くような時代は済んだ、今度はやっぱり石田《いしだ》三成《みつなり》などの時代、組織、天下を動かす政治が求められる時代に変わっていったということがあるでしょうね。けれども、もう一つは、本当にやっぱり歴史も人間関係だというこことです。最後はその人の人間性が、好きか嫌いしかないと思うんです。

津本　まあ、そうでしょうね。

二木　どんなにその人間に才能があっても、やっぱり最後は好きか嫌いしかないと思うんですよね。家康だってやっぱり黒田官兵衛はあんまり好かんと。関ヶ原でどんなに活躍してくれたといっても、本心では計算しているのではないかと。あのときだって官兵衛はここで、九州を平定して一旗上げようというのに近い勢いを示すでしょ？　西軍方をたたいて。

それも本心は家康のためにやっているのかもしれないんですよね。結果的にはそういうことです、黒田長政と同じように。ところが、それをやることによって、自分を高く売りつけられる。その功績をもって家康に取り立ててもらうことができる。自己の存在を高められる。それでいて、吉川をぺてんにかけ、長政は蜂須賀の嫁を離縁して、家康の養女をくれと言う。家康にしてみれば、こんなやつは信用できないですよ（笑い）。

津本　黒田官兵衛と竹中半兵衛というのは、一緒にいた時期はほとんどないですよね。中国攻めは一緒ですかね。播磨《はりま》……。

二木　ええ。まずは、信長が中国に目を向けてくると、播磨国の豪族たちは毛利につくか織田につくかということになって、天正三年、官兵衛が「小寺《こでら》は織田につこう」と主張する。官兵衛は御着城主小寺政職の家老でした。そして、「小寺から人質を出せ」と言われたので、かわりに官兵衛が自分の子供の松寿丸《しょうじゅまる》を信長に送ったというんですね。あのときに津本さんのお得意の話の、圧切長谷部《へしぎりはせべ》をもらったとかっていうのが出てくるんじゃないですか。

津本　ええ、そうです。

二木　あの圧切長谷部という名前の由来は首を押し切ったという……。

津本　そうです。あさりに砂が入っていたとか言って料理番を……。信長は食べ物にものすごく警戒していたんですね。毒なんかを盛られたら大変だから。それで、何か変な態度を示したので、追いかけて、結局、台所のおぜん棚の柱かなんかにしがみついたのを後ろから押し切りに切ったというんです。

二木　圧切長谷部の話は『下天は夢か』にも出てきますよね。

津本　そうです。

二木　あれをもらったと。

津本　何か、すり上げして、もう、わき差しぐらいの長さになっているとかっていうんです。

二木　それで結局、その松寿丸を秀吉が預かって、長浜《ながはま》に置いていたっていうんですね。後に、中国出兵には半兵衛がくっついていって、三木城《みきじょう》攻めなんかに一緒に行っています。播磨の福原城《ふくはらじょう》を攻めたりするときには官兵衛も半兵衛も一緒に戦争をやっていますね。

ところが、半兵衛は天正七年に播磨の三木城攻めの陣中で死んでしまいます。その前年が例の荒木村重《あらきむらしげ》の謀叛で、信長が大変なときです。あれが謀叛したら、別所とかね、本願寺と結びついて……。

津本　大坂湾の海戦でも負けた後ですよね。

二木　中川清秀とか高山右近とか、みんな荒木についちゃったら……。

津本　あれはもう高山右近と中川清秀が降参したからよかったですけどね。

二木　そうですよね。しなかったら……。

津本　えらいことになったでしょうね。

二木　あのときはもう、信長は勅使《ちょくし》を派遣してもらって、毛利と講和交渉までいったんですよね。だけど、勅使が派遣される前にもう荒木が討てることがわかっちゃったから、中川と高山が……。

津本　降伏しちゃったわけですね。

二木　屈したから、今度は勅使はもう要らないと。それで攻めますね。

荒木村重が謀叛したとき、官兵衛は説得に有岡城《ありおかじょう》に行って、そこで幽閉《ゆうへい》されてしまう。そのときの話ですよね、例の、信長が官兵衛は寝返ったんじゃないかと疑って、松寿丸を殺そうとしたのを、竹中半兵衛がいつわって救ったというのは。あれだけは本当の話らしいですけどね。後に黒田長政（松寿丸）が竹中半兵衛の子供、重門《しげかど》の次男かなんかを二千石で召し抱えていますよね。これはやっぱりあのとき自分の命を助けてくれたということを恩義に感じていたということでしょうね。

津本　なるほど。

二木　竹中半兵衛は信長の与力《よりき》としてつけられたんだけど、結局、そのときは松寿丸を殺せという信長の命令を（秀吉は）聞かなかった。殺さずに生かしておいた。そういう点では、半兵衛も秀吉が好きになってしまったんじゃないかなと思うんです。秀吉は、会っているとみんな好きになってしまうところがありますよね。非常に明るい。そういう点で、信長の周りというのは常に怖さが先行していて、みんなぴりぴりして、戦々恐々としていた。指一つ動かしたら数十名の家臣がたちどころに消えてなくなったとか、フロイスなんかが言っているような状況だった。だけど、秀吉の周りにあったのは少なくとも明るさですよね。だから、半兵衛も本当に秀吉が好きになっちゃったんじゃないかな。まあ、私も秀吉が好きだからそう思うんですが。

――官兵衛が有岡城に幽閉されて、信長が官兵衛の息子の松寿丸を殺せと命じたときに半兵衛が助けたというのは、この二人の間に、人間的なつながりがあったのかなという感じがするんですが……。

津本　そうですね。あったのかもしれないですね。

二木　半兵衛と官兵衛は数年間しかつき合いがないんでしょうけれども、あのときは官兵衛は伊丹の有岡城に幽閉されており、決して裏切ったのではないという信念が半兵衛にはあったんでしょうね。ただ、本当に半兵衛が官兵衛を好きだったかどうかはわかりません。俗書では、官兵衛が半兵衛に秀吉のお墨つきか約束かなんかを見せたという話がありますよね。領地をくれるとか言っているのにくれないと。そうしたら、それを破り捨てたといいますね。「こんなものを持っていると野心が起きるから、ない方がいい」と言ってね。これも、野心のない、無欲な、隠者のような半兵衛に対する野心家官兵衛ということからつくられたフィクションだろうと思いますけどね。

津本　黒田の親子で一番印象に残っているのはやはり関ヶ原ですね。藤堂高虎《とうどうたかとら》というのは家康の身辺でもいっぱい出てきます。しょっちゅう出たり入ったりしている。それに比べると黒田官兵衛は何か影が薄いようですね。

二木　藤堂高虎は家康に非常に好かれていましたね。特に、本多正純《ほんだまさずみ》ら、駿府《すんぷ》に隠居した家康の側近グループの中で藤堂高虎は非常に有能だった。実際に秀忠《ひでただ》の娘の東福門院《とうふくもんいん》の入内などで朝廷への根回しをやっているのは藤堂高虎ですよね。家康の手紙なんかを見ていても、「背中にはれものができたそうだが、大丈夫か。用心しろ」と言っています。家康も四十四歳のときに背中にはれものができて、生死の境をさまよったことがありますから、気を遣っているんです。そういう、笑ってしまう手紙があります。

津本　それは知りませんでした。

二木　なぜこんなことを言うかといいますと、私も四十四歳のときに背中にはれものができたからなんです（笑い）。入学試験期で、学年末で、医者にも行けないで、もう痛くて、はれてしまって、ハリと灸で治したんですよ。

津本　へえ。

二木　医者へ行くと切られるから、それで入院することにでもなったら大変だと思いましてね。家康もお灸で治したらしいんです。ですから、その家康の手紙は印象深く残っているわけです。自分のことを思い出して言っているんだなあと思いましてね。

津本　なるほど。

二木　家康は藤堂高虎が非常に好きであったと思いますね。

官兵衛は慶長《けいちょう》九年には死んでしまいます。家康が江戸幕府を開いたのが慶長八年ですから、翌年に死んでいる。ただ、官兵衛が長生きしてもやっぱり家康には好かれなかったと思います。人間が悪いですものね。

津本　そうですね。毛利をあれだけうまくだましたら、だれでも……。毛利というのは本当にばかみたいな感じですけれどもね。やっぱりナンバー2とかいう人は、実際にどれだけの働きがあったのか、ちょっとわからないんじゃないかなと私は思うんです。手先に使うのには便利だったと思いますけどね。

秀吉による人の動かし方

数億円、数兆円規模の大事業をひとりの力でこなすことはできない。優れたプロジェクトリーダーのもと、整備された組織が合理的に機能して初めて成し遂げることができる。

戦国時代においても同様に、豊臣秀吉による天下統一、そして天下の運営という大事業も、秀吉ひとりの力ですべて成し遂げられたわけではない。彼のもとには前政権の織田軍団と同じく、加藤清正や福島正則のような武勇に長けた武将たちが集い、石田三成に代表される優秀な官僚たちが政務をこなしていた。

そうした組織を円滑に運営する秀吉流の秘訣《ひけつ》とはなにか。まずは秀吉が活用した組織の変遷から見てみよう。

秀吉の立場と補佐役の変遷

二木　信長にはナンバー2に相当するような補佐役、今の会社で言えば副社長とか常務取締役とか、そのクラスの補佐役はいない。非常勤取締役が支社長でいるけれども、そばにはいない。いるのは、ラインにしてもスタッフにしても、手足となるロボットマシーンのような人間であって、信長の相談に乗って立案していくような人間ではなかったということになるんでしょうか。

津本　そうですね。

二木　そこで、今度は秀吉の場合はいかがでしょうね。津本さんの『下天は夢か』では秀吉の若いころのことが書かれていますけれども。

津本　やっぱり蜂須賀小六ですかねえ。最初、秀吉は蜂須賀小六の家来になって、墨股砦を取るときに働いてもらいますね。あのあたりから、やっぱり秀吉もゲリラですから、ゲリラの頭目みたいな男に力を貸してもらうということになった。美濃の稲葉山城をとるにしてもやっぱり川並衆《かわなみしゅう》が働いていますし、観音寺城《かんのんじじょう》をとるときも働いて、それから中国経略で電撃作戦みたいなことを考え出しましたね。あれもおそらく蜂須賀小六《はちすかころく》とかああいう連中がやりだしたんじゃないかと僕は思うんですけどね。

二木　そうでしょうね。

津本　そういう補佐役がいる。そして、竹中半兵衛がいましたね。あれをものすごく頼りにしてるでしょう?

二木　そうですね。

津本　それで、途中から黒田官兵衛（如水《じょすい》）が出てきますね。秀吉は、これにおんぶされるような格好をして、うまいこと使います。それで蜂須賀とか前野長康《まえのながやす》とかいうのがしょっちゅうついていっててて、いっぽうでそういう現地のこれはという男を自家薬籠中《じかやくろうちゅう》のものにして、もたれかかるような格好をして実益を上げる。そういうことが秀吉はうまいと思うんです。

二木　そうですね。まあ今、津本さんがおっしゃったように、秀吉が蜂須賀とくっついたりして、若いころは地をはうような、野伏《のぶし》同様の生活をしてきている。下級な身分から出て、貧困の中にあらゆる職業を経験した。

秀吉の出世と家臣団の変遷

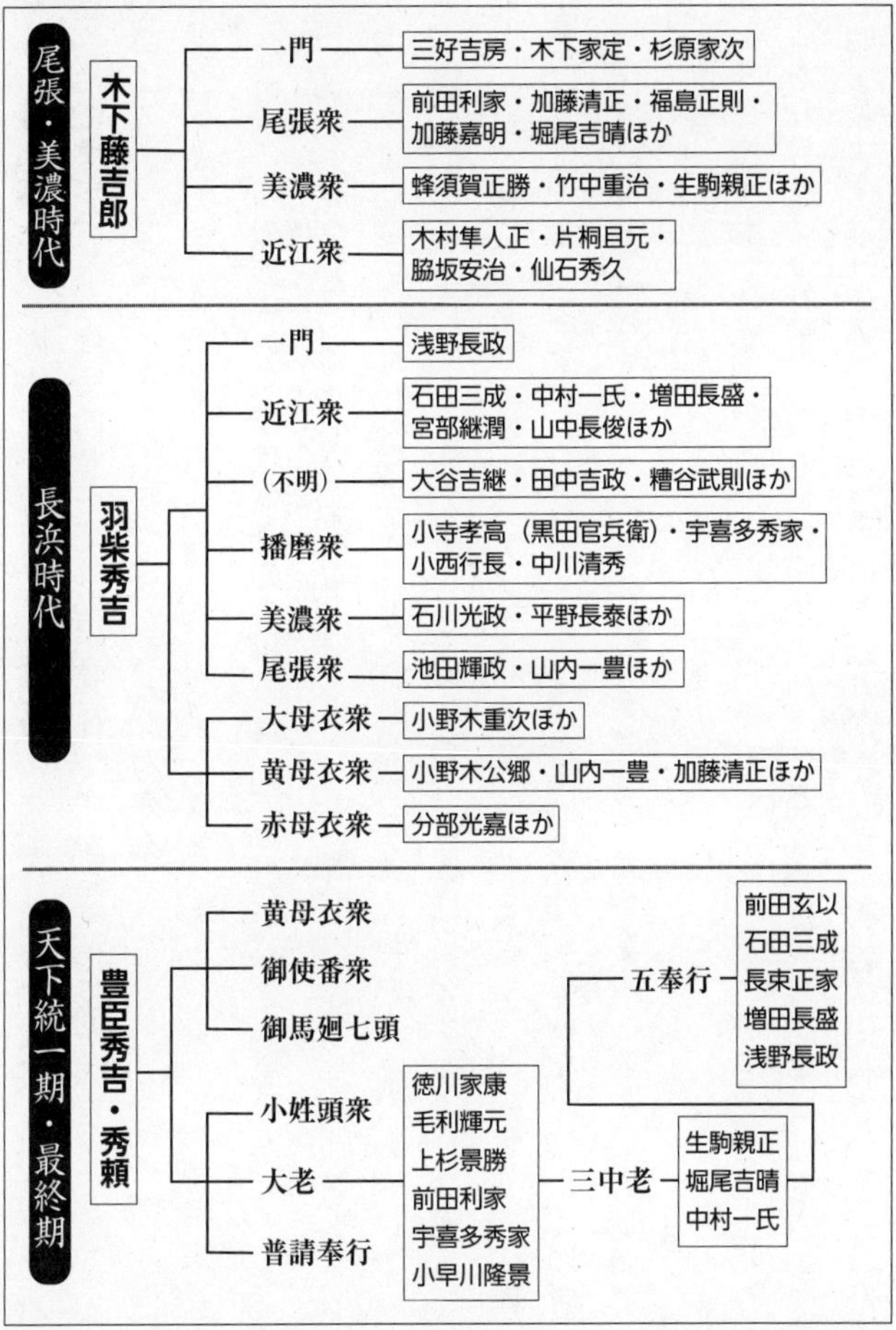
尾張・美濃時代
木下藤吉郎
一門
三好吉房・木下家定・杉原家次
尾張衆
前田利家・加藤清正・福島正則・加藤嘉明・堀尾吉晴ほか
美濃衆
蜂須賀正勝・竹中重治・生駒親正ほか
近江衆
木村隼人正・片桐且元・脇坂安治・仙石秀久
長浜時代
羽柴秀吉
一門
浅野長政
近江衆
石田三成・中村一氏・増田長盛・宮部継潤・山中長俊ほか
(不明)
大谷吉継・田中吉政・糟谷武則ほか
播磨衆
小寺孝高（黒田官兵衛）・宇喜多秀家・小西行長・中川清秀
美濃衆
石川光政・平野長泰ほか
尾張衆
池田輝政・山内一豊ほか
大母衣衆
小野木重次ほか
黄母衣衆
小野木公郷・山内一豊・加藤清正ほか
赤母衣衆
分部光嘉ほか
天下統一期・最終期
豊臣秀吉・秀頼
黄母衣衆
御使番衆
御馬廻七頭
小姓頭衆
大老
徳川家康
毛利輝元
上杉景勝
前田利家
宇喜多秀家
小早川隆景
普請奉行
五奉行
前田玄以
石田三成
長束正家
増田長盛
浅野長政
三中老
生駒親正
堀尾吉晴
中村一氏

それで蜂須賀とのつながりができた。美濃攻めにおける蜂須賀の役割は大きいと思うんですが、それは一面でいえば信長時代ですから、信長が秀吉を、そういう点ではスタッフとしてうまく使っていたとも言える。

津本　そうそうそう。

二木　若いころの秀吉の人事は信長の人事と言ってもいいかとも思うんですね。信長は秀吉のそういう新しい人材登用を利用した。織田の家臣というのは、それまで佐久間信盛とか柴田勝家とか古い譜代はいるんだけれども、石頭ばっかりで、槍一筋の戦争は強いけれども、美濃攻めのように裏をかくような働き、謀略とか、情報収集とか、忍び込んで寝首をかいてくるとか、闇の世界での働きがなければ攻略できないとなってくると、譜代衆では務まらない。そこに新しい、得体の知れないような人間が活躍してくる。秀吉を中心とした人びとです。

津本　そうですね。

二木　それもやっぱり信長の人材登用ですね。美濃攻めは永禄《えいろく》四年（一五六一）から始まりますけれども、洲股攻めのあたりからしか、秀吉の史料というのはないんです。確かに美濃攻めで秀吉は従来の織田家の家臣とは違う発想法を持った。新しい人材、つまり野伏のような自分のダーティーな過去の生い立ち、経験に結びついた人材を登用したといえるでしょう。

そこでまた、軍師とか参謀とかいわれる竹中半兵衛が出てくるわけですが、これは津本さんの小説ではいかがですか。

津本　秀吉の中国攻めのとき、北陸へ行って途中で引き返してきたときの決断については、竹中半兵衛の助言のようなものがかなりあるような気がします。半兵衛も世間にいわれるほどの名軍師であったかどうかわからないですけど、おとなしいように見えて、ばくち打ちみたいなところもありますね。

秀吉というのは、人に割と頼るように持ちかけて、相手をうまく働かせるようなところがあります。北陸攻めについていって、もしそのままじっとしていて、うろうろやっていて、中国経略というえらい大ばくちを打たなかったら、明智はもう丹波《たんば》経略に行っているわけですから、秀吉はあんなに出世する糸口はほとんどつかめなかったんじゃないかと思うんです。

そういうときの転換点とか決断に竹中半兵衛が働いているようなところがある

んではないかと想像するんです。

二木　竹中半兵衛というのは、時代小説やドラマでは有名ですが歴史家から見るといい史料が全然ないんですね。

津本　なんにもないんですよ。

二木　半兵衛の子供の重門《しげかど》というのが『豊鑑《とよかがみ》』というのを書いて、そこに出てきます。軍学書というか、そういう世界に出てくるんで、ほんとに実像はわからないんですね。

津本　わからないです。

二木　ですから、私の恩師の桑田忠親先生なんて、秀吉の軍師説を強く否定しているんです。

ただ、竹中半兵衛は数年後に死んでしまいますよね。ですから、諸葛孔明《しょかつこうめい》みたいに、美濃の竹中半兵衛を家臣に取り立てて、浅井攻めだとか……。

津本　そうですね。浅井攻めの前に……。

二木　要するに内応させたり調略をして離反させたり、そういう点で、竹中半兵衛は、実像はともかくとして、古典的な、いわゆる軍師、中世的な軍師に近い性格の人物だったと思います。

津本　確かに半兵衛は具体的にどういう手柄を立てたとかいうのは何もないんですよ。ただ、死んだときに秀吉が非常に惜しがって弔慰していますわねえ。そういう点で値打ちのある人であったのかなあという程度です。

二木　そうですね。だから、若いころの秀吉については不明な点が多くて、それを支えていたのが竹中半兵衛だといわれるわけです。さてそれで、秀吉が長浜の十二万石の大名になり、いっぱしの大名として活動してくると、そこにやがて出てくるのが黒田官兵衛ということになります。

津本　そうです。これはもうはっきりしていますね。黒田はものすごく働きますからね。

二木　天正五年（一五七七）の中国攻めぐらいから黒田官兵衛は非常に働いている。これはまさに参謀ですね。

津本　そうですね。

二木　いわゆる中世的な軍師ではなくて、新しい参謀、文字どおり謀議に参与する人間、謀略家、策謀家。少なくとも中国経略から始まって本能寺の変、中国大返し、賤ヶ岳《しずがたけ》の合戦、小牧の役、九州の陣、そのあたりまでは、黒田官兵衛の活躍は非常に大きなものがあった。

津本　竹中半兵衛と黒田官兵衛を比べると、表面に出てくる事績はもう問題なく違います。

二木　まったく違いますね。

津本　黒田官兵衛というのは何かうす気味悪いというか、切れ味でいうとものすごいですね。

二木　ええ。

津本　石田三成の比じゃないですよね。

二木　何となく想像するイメージも気持ち悪いですすね。足を引きずっていて、風貌も不気味な感じがする。謀略家のタイプです。ただ、これがある時期の秀吉を支えていた参謀であったことは間違いないと思うんです。

秀吉政権末期の家臣団分裂

二木　しかし、関白《かんぱく》政権になり、秀吉がその主宰者になってくると、今度はまた変わってくるわけです。先ほどの信長と同じように秀吉が政権のリーダーになり、それを実際的な豊臣政権のブレーン、スタッフが支えるようになってくるわけです。

ですから、黒田官兵衛が活躍したころの秀吉の家臣といえば、例えば加藤清正《かとうきよまさ》とか福島正則《ふくしままさのり》とかという、制服組の、槍一筋の連中、子飼いの武将たちですね。秀吉が政権の主宰者となる以前、いわば中小企業の社長のようであったころには、そういう子飼いの武将たちが先頭に立って活躍したわけです。黒田官兵衛もその一人で、だから、加藤清正や福島正則たちと同じように、黒田官兵衛の軍略家、参謀としての働きの場があったわけです。

けれども、豊臣政権という大きな、いわゆる中央政権になってくると、制服組も、黒田（官兵衛）のような人間も、もう通用しなくなってくる。そこに出てくるのが石田三成らの実務に長じた奉行《ぶぎょう》たちですね。

津本　奉行は全然変わってきますね。組織が大きくなってくると、石田三成なんて、たいしたことがないと思われていたのに、だんだんと力をつけて、最後は豊臣政権を動かすようになりますものねえ。

二木　そうなんです。結局、豊臣政権の組織が全国的になってくると、諸国の大名に外交文書を出さなきゃいけないとか、寺社政策をやらなきゃいけないとか、検地《けんち》などの財務をやらなきゃいけないとかいうことになる。もはや槍一筋の時代ではない。今風に言えば、パソコンやコンピューターが使えて、ちゃんと実務、財務ができなきゃいけなくなってくる。そこにやっぱりスタッフとかラインとかいわれるものの頭脳がより重要視されてくる。

そうすると、石田三成を筆頭とするような奉行たちが豊臣政権を牛耳る。そしてそれがまさに秀吉のラインであり、行政官であり、補佐役的な性格になってくるんじゃないですか。津本さんの小説『夢のまた夢』で、石田三成とか小西行長《こにしゆきなが》とか、奉行の活躍というのはいかがですか。

津本　九州攻めのあたりからおそらく行政官の活躍する部分が大きくなってくる

んでしょうね。それで結局、秀吉は全国で二二〇〇万石の大名を従えるわけですけれども、その中で旧織田政権の大名と、家康を中心とする関東・奥羽《おうう》の大名と、毛利とか島津《しまづ》というようなもの、これは実際に征服されているようだけれども、ばらばらなんですね。

例えば、肥前名護屋《ひぜんなごや》の水争いがもとで徳川家康と前田利家《まえだとしいえ》の間で大げんかが起こりかけたですね。あのとき、前田利家のうしろへ旧織田方が全部ついて、関東・奥羽の大名が家康のうしろについて、その間に伊達政宗《だてまさむね》陣所があって、それで二股膏薬《ふたまたこうやく》みたいなことをして、前田利家がものすごく怒ったということがあるんですけれども、ああいう内紛が底流にありますね。

二木　そうですね。組織が大きくなってしまうと内紛が出てくる。信長なんかの時代というのは、信長がワンマンで統制ができていたから、結局そういう内紛、分裂がなかったんです。ところが、秀吉のときになってくると、組織が大きくなって大きな大名たちがいっぱいできてくる。それで、今まで槍一筋できた加藤清正とか福島正則のような連中が、今度は石田三成のような行政官僚にとって代わられる。

津本　そう。

二木　だいたい戦争のやり方が違うわけで、津本さんがおっしゃった九州の陣でも、出陣前にまず奉行が出かけていって、三〇万人の武器・弾薬・兵糧を整えておいて、それから大軍が出動していくわけです。小田原の陣のときだって、まず清水と下田の港を占拠して、上方から船のピストン輸送で食料・弾薬を補給して、そして一〇万、二〇万の兵を自前で賄うわけです。

信玄、謙信の時代は、戦場へ出ていって、現地調達で略奪したりしていた。一万やそこらぐらいまではそれでよかったんですけれども、十数万の軍隊を動かすときには、まず一番大事なのは戦う前の兵站《へいたん》、と情報の確保です。そうなってくると、それまでの制服組は役立たなくなってきて、戦争においても、検地をやったり寺社政策をやったりするのと同じように行政ができる石田や小西が、加藤清正や福島正則よりも役に立ってくるようになる。

大きな裁判も奉行がやるようになるので、今までの槍一筋の大名には不満が出てきます。もしも裁判沙汰にでもなれば、いつも損をするのは今までの連中ですから。それでまた権力の座についていれば威張るでしょうしね。そういうふうなことで、政権の組織そのものが変わっていってしまう。

もう一つは組織が大きくなればなるほど派閥が出てくるということです。よくいわれる淀殿《よどどの》派と北政所《きたのまんどころ》派とか、武将派と奉行派、制服組対背広組といったような構図で描かれる分裂が起きてしまうわけです。ただ、秀吉も基本的にはやっぱり独裁者であったんじゃないですか。

津本　そうだと思います。

二木　そう見てくると、信長の場合は補佐役とかがいなかったと思うんですが、秀吉の場合はどうですか。やっぱり本当の補佐役はいなかったような気がしますね。

津本　うん。結局、肝心の決裁権は握っているでしょうね。秀吉は石田三成なんか問題にしてないでしょう?　ただ、老耄《ろうもう》してきてからだいぶ動かされましたけれども。

二木　そうですね。

『夢のまた夢』名場面

石田は厳冬がおとずれるまえに朝鮮八道から諸軍をいったん釜山に引き揚げさせ、あらたな戦略をたてるべきであると考えてつぎの発言をした。

「大明の加勢すでに加わるあいだ、まず諸軍を釜山浦に引きとり、謀をめぐらさばその功あるべし」

加藤光泰は小西に同調しないまでも、釜山への撤退に反対した。

「大明より加勢のくるは、前々より存知のことでござろうがや。いまさら何の怖れるところがあるものか。釜山浦まではるかの道を引き取りて、せっかくの押えし漢陽をふたたび敵手に渡すは、いかにも口惜しし」

だが、石田は耳をかたむけない。

「兵糧がつづくまいに、いまは負けぬ手廻しをいたすべきときでござろう」

朝鮮在陣の日本諸隊は、支配すべき広大な国土を任され、兵力、兵粮の不足に直面していたが、海上補給路を李舜臣水軍に脅かされている現状では、戦力増強の手段はない。

――『夢のまた夢』文禄　より

ではこうした家臣団を秀吉はいかにして動かしたのか？
組織を円滑に運営する秀吉の人の使い方の真髄に迫ってみよう。

人を動かす殺し文句と心遣い

二木　秀吉はどうかというと、今度はまた違う意味の人使いをしている。人の意見をよく聞いたり、溶け込んだりして、一緒にやっていく。しかも、身近で一緒に使っていく。これが例えば弟の秀長《ひでなが》であったり、蜂須賀正勝《まさかつ》（小六）であったり、黒田官兵衛（如水）であったり、千利休であったり、石田三成、長束正家《なつかまさいえ》、前田玄以《まえだげんい》を初めいわゆる五奉行と言われるような連中であったり、それから加藤清正や福島正則のような制服組であったりする。

秀吉は信長とは家柄が違いますね。むしろ商店の社長から始めて、それがだんだんと大きくなって、中小企業になり、さらに大会社になった。大組織のリーダーにまでいった。常に従業員と一緒に汗水垂らして働いて成長していったというところがあります。もともと人脈もなければ何もない。しかも、急成長を遂げたから、そういう人使いの仕方しかできなかったのかもしれない。家康みたいになると、根っから地盤が違います。三河の大名であって、譜代の家臣がいる。四天王のほか、本多正信《ほんだまさのぶ》のような臣が初めからいる。ただ、秀吉はやっぱり人使いがうまかったと思うんです。例の官兵衛あての手紙で、「おまえのことは弟の小一《こいち》郎《ろう》同然に思っている」という有名なものがありますね。

津本　ええ、ありますね。

二木　あれは、要するに秀吉の殺し文句です。これは、池田恒興《いけだつねおき》が戦死した後、母親の養徳院《ようとくいん》に「これからは私のことを本当の子供のように思ってくれ」と言ったのと同じですよね。だから、官兵衛が秀吉の軍師であったとかいうのは――もちろん有能なところをうまく使っていった秀吉の人使いはあるけれども、あくまでも「おまえを弟のように思っているんだ」ということだから、逆ですよね。秀吉が黒田如水にあてた手紙だって、むしろ逆にお説教をしたり指示を与えたりしている文書の方が実際は多いですものね。こういうところは気をつけろと。私は自分が官兵衛があんまり好きじゃないからかもしれないけれども、秀吉は本心から黒田如水が好きだったわけではないんじゃないかという気がするんですよ。

『夢のまた夢』名場面

秀吉は早雲寺在陣中に、北政所にあて幾度か自筆の書状を送っている。つぎの書中には、小田原城攻囲の陣立てが、詳細に語られている。

「返す返す、はやばや敵を鳥籠へ入れ候ておき候間、あぶなき事はこれなく候まま、心やすく候べく候。

若公《わかぎみ》恋しく候えども、行く行くのため、または天下おだやかに申しつくべく候と存じ候えば、恋しき事も思いきり候まま、心やすく候べく候。

われらも灸点《やいと》までいたし、身の養生候まま気づかい候まじく候。各々へも申し触れ、大名どもに女房を呼ばせ、小田原に在りつき候えと申し触れ、右のごとくに長陣《ながじん》を申しつけ候まま、そのために淀の者を呼び候わん間、そもじよりもいよいよ申しつかわせて、前廉《まえかど》に用意致させ候べく候。

そもじに続き候ては、淀の者、われらの気に合い候ように、細かに使われ候まま、心やすく召し寄せ候よし、淀へもそもじより申しやり、人をつかわせ候べく候。

（後略）」

――『夢のまた夢』南船北馬（上）より

黒田官兵衛の引き際

どのような仕事をしていても、人間誰もが現役を退く時が来る。

戦国時代にあってそのタイミングと、次世代への継承は大変重要で、一歩間違えば御家《おいえ》崩壊にもつながった。御家騒動や内紛、さらには無能な後継者による没落と、その弊害は計り知れない。

そうしたなかにあって、鮮やかなともいえる引き際を見せたのが、秀吉に疎まれた黒田官兵衛である。

秀吉が批判の多い朝鮮出兵を敢行し、後継者を巡って争いの火種を残した一方で、官兵衛は後継者・長政《ながまさ》を君主にふさわしい人間に育て上げ、円滑な権力の移譲を成功させたのである。

敏腕渉外部長が一線を退く時

二木　竹中半兵衛は秀吉の成長期、つまり藤吉郎《とうきちろう》から羽柴筑前守《はしばちくぜんのかみ》まで出世するときに大きな役割を果たした。これはやはり、野武士集団のようなものを率いている秀吉、それに半兵衛のような正統派の軍師というか補佐役をきちっとつけるという信長人事ですよね。ダーティーな、最先端を行く、情報収集のような仕事に携わる新しい集団と、正統派の戦略家を見事にぴたっとくっつける。それによって成長期の秀吉があったということです。

ただ、秀吉が長浜《ながはま》城主になったときは十二万石でしょう？　率いる軍隊はせいぜい三〇〇〇ちょっとです。中国出兵を始めた頃でもそのレベルだった。そういう、数千の兵を率いるときの軍略は竹中半兵衛が担ったと言えます。

それで、秀吉が三木城とか鳥取城とか高松城とか、そういうところで大規模な、数万の兵を動かす戦争をするようになってくると、今度は、ブレーンも巧みに使うけれども、調略とか誘降とかいうレベルで考える必要が出てくる。その渉外部長的な役割を果たしたのが黒田官兵衛です。半兵衛には渉外部長は務まらないと思うんです。やっぱり職人肌、実務家肌というか、むしろ芸術家肌かもしれないね、性格的に言えば。だから、官兵衛は営業本部長といったところですね。それでどんどんシェアを広げて、秀吉を中堅企業から大企業へ伸ばしていった。だが、官兵衛もそこまでで、その後、秀吉が政権の主宰者になってくると、もうおしまいですよ。

今度は新たなる吏僚、テクノクラート、テクノビューローが必要になってくる。石田三成とか、奉行クラスの、本格的な政治ができる人間、対外外交を行なえる人間が必要になる。奉行集団では本当の背広組が活躍する。吏僚グループが組織を動かす。そういうレベルになってくると、今度はまた時代が変わってくるということじゃないですかね。

津本　黒田官兵衛は、加藤清正とか福島正則とか、ああいう制服組のグループとほぼ同じですよね。そういう中で活躍の場があったんで、戦争の規模も変わってくる。謙信、信玄のころは現地調達の戦争でやっていた。半兵衛なんかのころだって同じでしょうね。

二木　そうですね。ところが、秀吉の小田原征伐ぐらい以降になってきたら、まずは下田と清水の港を占拠して、ピストン輸送で弾薬から食糧まで全部、上方から自前で調達する。そうやって兵站《へいたん》を押さえて、二〇万の大軍を送り込む。そのときにはもう官兵衛の力量では務まらないから、組織を動かす石田三成みたいな吏僚グループが出てくる。

津本　あの当時、ヨーロッパだったら、一番大きいルイ十三世の軍団ですか、あれで二万ですよね。それとはけた違いですものね。あれだけの大軍団を動かすということになると、やっぱり兵站が一番肝心ですものね。

二木　そういうことでしょうね。九州征伐のときなんて、秀吉はまず小西隆佐《りゅうさ》というような連中を先発隊で行かせ、三〇万人、一〇〇日分の食糧、弾薬を確保する。その後から兵が出ていくんですからね。こういう作業はもう官兵衛ではだめなんですよ。官兵衛がやったのはせいぜい日向で豊臣方の軍勢が島津と戦ったとき講和をさせるとかいうことで、そんな程度ならいいけれども、三〇万人分の食糧、弾薬を用意するというのはまず無理なんです。そういう能力は、石田とか小西とかいった人たちの方が高い。時代が違ってきた。

津本　大作戦というんですか、世界的な規模の戦争をやっていますからね。あの当時の秀吉の作戦なんていうのは、世界で一番規模が大きかったんじゃないですかねえ。中国よりも大きかったかもしれません。

二木　そうですね。昔はそろばんの計算に強く毛筆の字が上手な人が優遇されたけれども、今はパソコンができなければだめになっちゃったでしょう？　そういうふうに時代が変わると、官兵衛はもうついていかれないんですよ。インターネットを活用しての情報化時代になっては、幾らそろばんと書道に強くてもだめなんですね。

津本　私などは万年筆で小説を書いていますから、だんだん黒田官兵衛のような状況になりつつあるんじゃないかと思うんですけどね（笑）。

二木　いや、私なんかもそうですよ。これから生きていく人はもうパソコンができないとすべてがだめな時代になっていますね。私はもうこういう歳ですから、そういう時代に生きないで済みそうなのでよかったなと思っています。官兵衛だって、慶長九年ぐらいで死んでおいてよかったんじゃないですか。大坂の陣まで生きていたら大変ですよ。

あのとき、一番最後まで生きていて苦労したのが福島正則でしょ？

津本　ええ、そうですね。あれは随分ひどい目に遭いましたね。

二木　加藤清正だって、生き残って、秀頼と家康との会見には立ち会っているけれども、間もなく死ぬでしょ？

秀吉のころからのやり方でいったら、生き恥をさらしますものね。やっぱりあんまり長生きしない方がいいですね。人間は引き際が一番大事ですね。

津本　いや、本当にそうです。

二木　官兵衛は一番引き際がうまかったですよね。九州の陣が済んだ後、十二万石はもらったけれども、長政に譲っていますね。それで、自分は隠居して、やがて、また働きはしているけれども、剃髪して「如水」と号する。もう引いていますよね。

津本　そういうことですね。

二木　そういう面では官兵衛も先を見ているから、もう自分はここでおしまいという、身を引くところはある程度あったと思うんです。ただ、人間というのは、大概、神様みたいな面と悪魔みたいな面と、二つ持っていますよね。一方では聖人君子みたいだし、他方ではどろどろした野心家みたいな面がある。優しさと凶暴なところと、両方持っている。それを理性とか知性で抑えていく。いろいろな修養をして、粗削りなところからいい方へ行く。けれども、どんなにインテリで修養して善人ぶっても、人間性がぱっと出るときがある。関ヶ原のときの如水みたいに、ぽろっと策士の本性をあらわす。

でも、最期に如水は長政に遺言しているんですけれども、物すごくまともなことを言っているんですね。「わしが今、死んだら、家臣の者が嘆くであろう。だけど、お前が死んだら、まだ如水様がいるから大丈夫であるということになる。そう思われるのはお前の心がけが悪いからだ。お前は分別ばかりが先に立って、大きなことができない。だから、形見に」と言って、草履《ぞうり》と木履《ぼくり》が片方ずつと溜《ため》塗《ぬり》の弁当箱を与えた。そういう逸話があるんですよね。

津本　ほう。

二木　ところが、それが貝原益軒《かいばらえっけん》なんかのフィクションの部分になると、今度は全然違う話になっちゃうんですよ。それは、如水が死ぬ間際には御乱行をした。それを子供の長政がいさめた。そうすると、耳打ちして「わしはわざとやっているんだ。先代が悪行をやっていると、死ねば、人はよかったと思う。おまえのためにやっているんだぞ」と言った。それで長政は納得したというわけです。だけど、本当の如水というのはそうではない。そこはやっぱり虚像と実像がないまぜになっていますね。

津本　なるほどね。

九州の関ヶ原

——兵力の空白地帯・九州で大暴れした黒田如水の野望——

徳川家康と石田三成が、天下を二分して熾烈な争いを繰り広げた慶長五年（一六〇〇）九月十五日の関ヶ原の合戦。

美濃国関ヶ原で総勢十五万もの大軍が激突していたころ、九州でも「九州の関ヶ原」ともいうべき戦いが繰り広げられていた。中心となったのは、かつて豊臣秀吉の軍師として活躍した黒田如水である。

九州では、東西両軍とも当主の多くは上方に出陣しており、兵力の空白地帯となっていた。その間隙を縫うようにして、一世一代の大きな賭けに挑もうとしたのが如水であった。

金銀をばらまいて兵集め

慶長五年、上方では家康が上杉攻めに向かう一方、家康の宿敵石田三成に不穏な動きが見られるなど、一触即発の様相を呈していた。

そうしたなか、黒田家では当主の長政は当初から家康についていたが、隠居の如水は、ある野望を秘め、領地の豊前中津《ぶぜんなかつ》に帰国していた。

そして七月、如水は上方に手配していた早船により、石田三成が家康不在の隙をついて挙兵したことを知る。ここから彼の動きは大胆かつ迅速を極めた。

黒田家の主力は長政に従っているため、如水はまず兵を募ることから始める。

その方法が斬新であった。これまで倹約で貯めてきた金銀を大放出して兵を募り、牢人や農民から成る三六〇〇の兵をかき集めたのである。これを指揮して近隣の領主を降して勢力を拡大し、たちまち九〇〇〇近くの軍団を形成した。

兵を急ぎ集めた如水の狙いは、九州制圧である。両者互角の決戦となる関ヶ原の合戦は長引くと予想されるため、その間に手薄な西軍の城を攻略して九州を掌握し、あわよくばその威勢を駆って、激戦の果てに疲弊している関ヶ原の勝者と雌雄《しゆう》を決する、という目論みを抱いていたと

関ヶ原合戦と連動した九州の戦い

毛利吉成
小倉(10月14日開城)
筑前
香春岳(10月5日開城)
小早川秀秋
名島
中津(9月9日出陣)
垣見一直
黒田官兵衛
高田
富来(10月2日降伏)
秋月
安岐(9月22日降伏)
毛利秀包
久留米
(10月14日開城)
豊前
竹中重利
杵築
熊谷直盛
細川忠興
肥前
佐賀
日隈
角牟礼
石垣原
立石
府内
早川長政
鍋島直茂
柳川(10月25日降伏)
大友義統
臼杵
太田一吉
立花宗茂
豊後
大村喜前
竹田
佐伯
大村
加藤清正
熊本
中川秀成
毛利高政
有馬晴信
日之江
宇土
石垣原の戦い 9月13日
官兵衛勢と大友勢が、石垣原で対決。勝利した官兵衛はそのまま豊後を平定。
関ヶ原で決着がついたことを知るが、そのまま南下して九州の平定を進めることを決意。
小西行長
肥後
佐土原
水俣
島津豊久
進軍停止 11月22日
家康からの停戦命令により、官兵衛の軍事行動が終了する。
宮崎
日向
薩摩
飫肥
島津義弘
大隅
伊東祐隆
鹿児島
東軍
西軍
中立または西軍から東軍へ転向
黒田官兵衛の進路

上方の動きを探っていた黒田官兵衛は、独自に軍隊を編成して九州を席巻。石垣原で大友氏を、柳川で立花氏を撃破するなど、領土拡張を狙って策動した。

いわれる。

石垣原の戦いから九州全土へ

その第一歩が石垣原《いしがきばる》の合戦である。かつて豊後の国主だった大友義統《おおともよしむね》（大友宗麟《そうりん》の子）が、西軍についた中国地方の毛利氏の支援を得て豊後の奪回を企て、九州に上陸し、立石城に集結していた。それを知った如水も即席の兵団を率いて出陣する。

そして九月十三日、石垣原で両軍は激突した。大友氏も旧領回復を企図するだけに必死だ。当初は大友氏が優位に戦いを進め、死闘を繰り広げたが、数に勝る如水が勝利をおさめ、義統を降した。

この戦いに勝利した如水は以降、豊前、豊後の西軍の城を次々と攻め落とし、一か月足らずで豊後一円を平定したのである。

ところがこの間、大きな誤算が生じてしまう。肝心の関ヶ原の合戦が一日の戦いで家康勝利のもと終結していたのである。混乱につけこみ勝機を狙うという如水の目論見は、もろくも崩れた。如水はさぞや落胆したと思われるが、それでもその勢いは衰えない。家康に向けて「九州切り取り次第」という要望を出したとも言われており、九州での勢力拡大路線を貪欲に突き進んだ。

筑後《ちくご》にも進出し、東軍の加藤清正らとともに、肥後《ひご》の小西家を降し、さらには薩摩《さつま》の島津攻めへと積極的に軍を進める。

しかし十一月に入って家康からの停戦命令が下り、約二か月にわたる如水の戦いは終わった。

合戦後、長政は筑前福岡《ふくおか》五十二万石を与えられたが、如水は賞賛されこそすれ、何の恩賞も与えられなかった。

第三章 徳川家康

戦国最後の覇者となったのが徳川家康《とくがわいえやす》である。家康の生涯はまさに忍に徹したものだったが、家康はただ何の考えもなく忍従に徹したわけではない。忍従に徹して潰されることを防ぎ、その間に力を蓄え、世に出る機会をじっとうかがったのだ。その深謀遠慮《しんぼうえんりょ》こそが、最後に勝利をつかむ要因となったのである。

家康の忍従生活は早くも幼少の頃から始まった。

家康は三河国《みかわのくに》の岡崎《おかざき》城主・松平広忠《まつだいらひろただ》の子として生まれたが、織田と今川《いまがわ》に挟まれた弱小領主の宿命で、どちらにつくか態度を明らかにしなければならなかった。

そのため家康は六歳のときから人質生活を余儀なくされたのである。

ところが人質として今川氏のもとへ送られる途中、織田方に捕らえられてその人質となった。のちに交換で今川氏の駿府へ送られ、人質のまま成長した。いわば家康は青少年期のほとんどを人質として過ごしたのである。

しかし、この人質生活こそが、どんな苦労にも耐え抜き、機会を待つという家康の忍耐の精神を培ったのである。

永禄《えいろく》三年（一五六〇）家康に大きな転機が訪れる。桶狭間《おけはざま》の合戦で家康は今川義元の先鋒として出陣したが、大将の義元が敗死したのだ。

家康はこれを機会に今川氏から独立を果たして自立した。しかしここから新たな忍従生活が待ち受けていた。

やはり弱小領主の宿命か、今度は今川氏の介入を防ぐために尾張の信長と同盟を結ばざるを得なかった。同盟といっても家康にとっては服属的なものに等しい。

そのため武田氏との内通を疑われた長男信康《のぶやす》を信長の命令で自害させねばならない憂き目にもあった。家康はここでも忍従に徹し、その命令に従った。

ただ、家康に幸いだったのは、勇猛果敢で主君への忠誠心に篤い三河軍団を抱えていたことである。その奮戦振りは信長をも感心させるほどであった。また、武田信玄《たけだしんげん》が侵攻してきた三方ヶ原《みかたがはら》の合戦では、信玄に大敗を喫するも、次々と家臣たちが家康の身代わりとなって討ち取られることで家康を守ったのである。

そうした家臣団に支えられ、信長と同盟を結び、あらゆる忍従に耐えて地歩を固めた家康は、天正《てんしょう》十年（一五八二）、信長より武田氏の旧領駿河《するが》を与えられて、三河・遠江《とおとうみ》・駿河三国を統《す》べるまでになった。

さらに同年六月に本能寺《ほんのうじ》の変で織田信長が倒れると、家康はこの機に乗じて甲《か》斐《い》と信濃《しなの》を制圧し、五国の支配に成功する。

秀吉との戦い方

家康の次なる敵は信長の死後、天下をうかがう豊臣秀吉だった。秀吉と戦うか、秀吉に従うか。決断を迫られた家康は、これが徳川家の存在をアピールする機会になると考え、信長の次男信雄《のぶかつ》と結んで秀吉と対峙した。小《こ》牧《まき》・長《なが》久《く》手《て》の合戦である。

この戦いは、はるかに兵力の上回る秀吉軍に対し、局地戦で家康側が勝利したことで、こう着状態に陥った。しびれをきらした秀吉は信雄と和睦を結ぶ。信雄が和睦すれば家康に戦う大義名分はない。家康は秀吉にその存在感を十二分に知らしめた上で秀吉と和睦したのである。

ただし家康はその後もすぐに秀吉に臣従しようとしなかった。言を左右して上洛《じょうらく》を拒む家康に、ついに秀吉は自分の母と妹を人質に送るという行動に出た。

ここで家康もついに折れ、上洛した。いわば家康は名実ともに自分がナンバー2であることを知らしめた上で、秀吉に従ったのである。

ただし一度従うと決めると、今度は一転持ち前の律儀と忍従の心で徹底した忠誠心を示した。秀吉の小田原攻めにも積極的に参加し、父祖伝来の東海から引き離される、関東への国替えにも素直に応じ、江戸へ移っている。

そのため秀吉から敵視されることなく、力を温存し、のちに五大老の筆頭として遇せられた。

家康がついに見せた牙

家康は秀吉の没後、忍従生活に終止符を打ち、ついに自らの野望を露わにした。とくに慶長四年（一五九九）閏《うるう》三月の前田利家《まえだとしいえ》没後は、その野心を隠そうともせず、豊臣家内部の家臣団分裂を巧みに利用し秀吉子飼いの武将も味方に引き入れた。

そして慶長五年（一六〇〇）年に上杉景勝《うえすぎかげかつ》討伐の兵を動かす陽動作戦で、石田《いしだ》三成《みつなり》に反旗をあげさせたのだ。

天下分け目の決戦となった関ヶ原の合戦に勝利した家康は、天下の勢力を一気に掌中におさめ、三年後には征夷大将軍の宣下を受けて徳川幕府を開いた。家康は名実ともに、天下人になったのである。

家康が次に目指したのはこの徳川幕府を半永久的な安泰政権にすることだ。そのため一族や譜代大名を拠点に配置し、外様大名は遠方へと追いやった。そして将軍を中心とした譜代大名による幕藩体制を確立したのである。

家康最後の忍従から決断へ転じる最後の采配が振るわれたのが、慶長十九年（一六一四）に始まる大坂の陣であった。

関ヶ原から十五年、機が熟したと見た家康は翌二十年（一六一五）に大坂城に籠る豊臣秀吉の遺児秀頼《ひでより》を自害に追い込み、豊臣家を滅亡させたのである。最後まで焦ることなく深謀遠慮に徹した家康は、自らの戦略の集大成を見届けたかのように、その翌年没している。

こうして信長が切り開き、秀吉が受け継いだ天下取りレース最後の覇者になったのは、ナンバー2に徹してその機会を待ち続けた徳川家康であった。

気の遠くなるような日々の末に得た天下の座だが、それゆえに信長や秀吉が作ってきた政策や組織をそっくり手に入れることができたのである。

家康の経験値

長きにわたる戦国の世を終わらせ、最後に勝者となったのが、徳川家康である。三河国の弱小大名の子として生まれた彼は、桶狭間の合戦後、今川義元より独立するも、以後、織田信長の盟友として天下布武《てんかふぶ》の戦いの一翼を担い、豊臣政権下では秀吉に次ぐ実力者として重きをなした。

しかし、信長時代は盟友とはいえ、武田氏への備えとしての役割を担わされ、ほとんど部将に近い働きを強いられた。また、秀吉政権下では、故地である三河を奪われ関東への入府を余儀なくされる憂き目に遭う。それでも家康はひたすら飛躍の時を待ち続けながら力を蓄え、ついに秀吉の死後、天下を手中に収める。

信長・秀吉の時代における長き雌伏《しふく》を耐え抜いた家康が、天下をとれた秘密はどこにあったのか。その生涯から家康が己の実力を養っていく経緯をたどる。

慎重に慎重を重ねた家康

二木 家康の戦術・戦略ということでは、どうお考えですか。

津本 負けるが勝ちというのがいちばん当たっているような気がしますが。

二木 結局、積極的に仕掛けたというのは、関ヶ原が初めてです。それまでは、石橋を叩いて渡るというのか、絶対にへましないという慎重な姿勢が目立ちますよね。桶狭間のときにも、大高城《おおたかじょう》にいたんですが、今川義元がやられたと聞いても、もしデマだったらということで、確認できるまで退却しない。岡崎《おかざき》に帰っても岡崎城に入れば今川方と行動を共にしなければいけないからと、今川方がいなくなるまで身を潜めて入城を待つ。それぐらい慎重なんです。

津本 そう、いつも非常に柔軟な作戦できていて、最後の関ヶ原でドーンと仕掛けて、うまいこと締め括りをしたという感じでしょうか。

二木 三人を比較してみると、信長はあまりにも天才すぎちゃって、政治も戦争も全部一人でやってしまう。家臣との距離はもの凄く大きい。秀吉は、信長の下にいるときは自分の家臣との仲も密接だったのが、信長の死後急激に出世街道を駆け上がってしまったために、家臣との密接な関係も切れ、孤独になってしまう。その点、家康は関ヶ原合戦のときで五十九歳ですからね。長い間、家臣と額を寄せ合って苦労してきたということもあって、大坂の陣まで本多正信《ほんだまさのぶ》のような側近をはじめ家臣との繋がりは強かったんです。

津本　逆に、三人の共通点はといえば、乾坤一擲の戦いという大博打に打ってでて、見事にそれに勝利したということでしょうか。

二木　天下を取るということですから、まさに大博打中の大博打と言えますね。

日本において徳川家康は、信長・秀吉に比べると確かに派手さに欠け、大坂の陣の際に見せたような陰謀などの印象により、人気が低い。だが、一方で、家康は戦国時代に終止符を打ち、平和をもたらした人物として、むしろ海外での評価の高い人物でもある。

では、家康の魅力とはどこにあるのだろうか。

家康の魅力

津本　家康は信長・秀吉に続いて三人目に出てきた英雄ですから、世の中でかなりもてはやされています。しかも前の二人と比べてみて、そのスケールは、僕には決して小さいとは思えません。

何か、妙な味がありますね。確かに長生きしたということが、彼の成功の最大の条件だと思います。つまり五十九歳まで、とにかくナンバー2で、政権にかじりついているでしょう。それでその年に大博打をやるじゃないですか。あれはちょっとできないと思います。死ぬ覚悟でやったと思いますよ。関ヶ原でね。

僕が家康でびっくりしているのは、彼のつくる和歌の巧緻《こうち》さです。それは伊達《だて》政宗《まさむね》も漢詩はうまいですよ。しかし、家康の歌は繊細極まりないんです。秀吉はおおらかですよね。それに対して家康は、ものすごく感受性に富んでいるように思いますね。それだけでどんな人物かがわかるというのではないかもしれませんが、残している歌を読んだら、これはなかなか細かい、味のある歌をつくっていますよ。

二木　私も家康というのは、今まであんまり好きじゃなかったんですよ。信長のような、自然に憧れを感じさせるスカッとしたイメージとか、秀吉の周囲を明るくするような華やかさに比べて、家康というのは何となく魅力に欠けているように思っていたんです。しかし、家康の生涯を辿っていくうちに、見方がかなり違ってきたような気がします。

津本さんは、信長・秀吉・家康の中で、秀吉にはニヒリズムがあまり感じられない、おもしろみがないと言われたことがありましたけれども、その点で、家康というのはどうなんですか。

津本　彼は一代、二代でつぶれた英雄をいろいろと見ていますから、徳川も一応は天下を取ったけれども、そんなに長続きしないのではないかと思っていたのではないでしょうか。だから、家を存続するようなシステム作りを一生懸命やります。

しかし一生懸命にやるんだけれども、どこかで自分の人生をつき放して見ているといいますか、これは生きている間だけのことだという、やっぱり信長に共通するようなものが出てくるんです。親戚一族、これもこの現世の栄耀栄華《えいようえいが》にかじりつかせて、なるべく長生きしたいと、そうは思っていなかったとは言えないんですが、とにかく松平家《まつだいらけ》の九代目か何かとして出てきて、とりあえず自分のいる間はできるだけの義務を果してやろうと。しかし一方では、それが何だ、要するに、もう消えてなくなるんだというような、そういう何か達観というんですか、そういったものは家康にもあったのではないでしょうか。

二木　家康は私を捨てて、家臣とか領民とか国を守るために、今はこういう態度をとらなくてはいけないと考えて行動したところが、用心深いとか計算高いとか言われる。けれども津本さんがおっしゃったように、一か八かというときにはすべてを投げ出していますよね。武田信玄《たけだしんげん》と戦った三方ヶ原《みかたはら》の戦いとか、それから長篠《ながしの》の戦いでもそうだったのではないでしょうか。

津本　あのときは自分もやられますしね。

二木　そうですね。姉川《あねがわ》もそうですし、それから関ヶ原でも一か八か。もう最後の寄るところまで寄って、腹を括ったときには、すべてを投げ出しているわけです。そして家康は、二十代、三十代、四十代と年齢を重ねるごとに、苦労を踏み台としてたくましく成長していった。

津本　そういう過程の中で、だんだんと人間を鍛え上げていったというところが家康の偉いところですね。

二木　だから、やっぱりバランス感覚というのがありますでしょう。信長は非常に天才的で、あまり天才に過ぎて周囲の者を寄せつけないような突出したようなところがあるから、結局は孤独だったと思うんですね。秀吉の場合も、どうしても毛並みは悪いし、人脈も乏しかったにもかかわらず、あまりにも早く出世街道を駆け上がっちゃったわけですから、やっぱり孤独だったでしょう。

それに対して家康は、ずっと下積みの苦労をしてきた上に、周りの人のいろいろな苦労とか、そういうものをよく知っているから気配りもできるし、人使いも、そういうものを考えた上でできる。

津本　それが、だんだんと年輪を重ねるごとに身について、そして彼の残している言葉とか教訓といわれるものは多いですけれども、一つ一つ味わいがある。

二木　ですから、家光に至る江戸幕府の元というのは、ほとんど家康のときに基礎が固められているし、家光以降でも、みんなこれは権現様《ごんげん》、東照大神君《とうしょうだいしんくん》が言われたとか、家康の権威や神的な威光というものを看板にして、そして慶喜までずっと引っぱっていきます。ですからそういう点で、家康の力は大きかったのではないでしょうか。

家康には近世の国づくり、江戸幕府の基礎固め、自分が死んでも揺るぎのない国づくりをしなければいけないという気持ちがあったんですね。それが、信長・秀吉・家康という三人が並べてよく比較されますけれども、やっぱり信長から三人目で天下取りの総仕上げですよね。家康のやった政策・施策の中には信長のアイデアとか、秀吉の時代までに路線が敷かれてきたことを継承して発展させるとか、確かに三人で本当にバトンタッチをしてきたという感を深くするんです。

津本　やっぱり三人ともナショナリズム的というか、当時の国際関係——ヨーロッパの進出、南蛮《なんばん》の進出とか、中国や朝鮮に対して、あるいは新しい国際社会、アジアの周辺の変化に対してどう日本の国を守るべきか。これは信長にしても秀吉にしても家康にしても、持っているんですね。

二木　そういう点で、なぜ鎖国体制に行くかも含めて、やっぱり家康の考えていたことというのは、後の方向にもつながっていく。そういう点では、戦国から乱

家康に至る松平家家系図

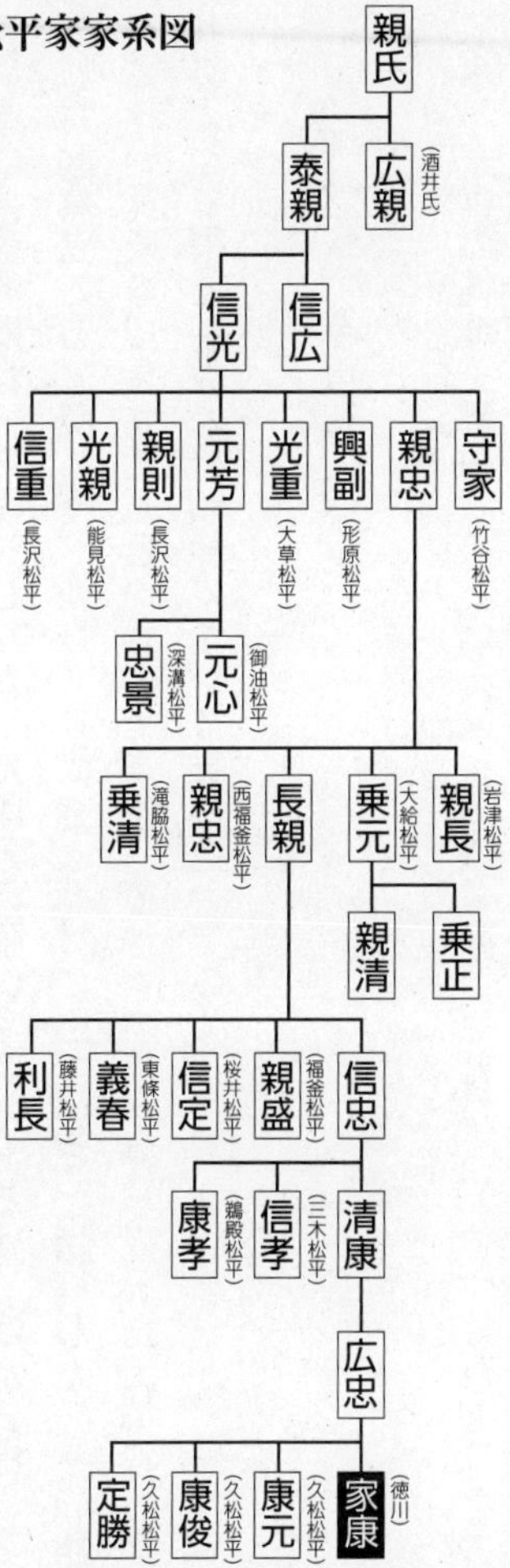

世を平定して、近世の幕を仕上げた三人というか、その中でも家康の意味は大きかったのではないかと思います。

慎重に慎重を重ね、無理をしなかった印象の強い家康であるが、津本氏は、実際には勝負どころと見るや、たびたび大きな賭けに出ていると指摘した。その賭けこそが家康を成長させたというのである。では、家康が繰り返した大博打とそれによって得た利益と経験値について振り返ってみよう。

「乾坤一擲」を重ねる家康

二木 家康の乾坤一擲《けんこんいってき》の戦いといえば、やはり関ヶ原になるんですけれど、そのずっと前の三方ヶ原の合戦や小牧《こまき》・長久手《ながくて》の合戦なんかも乾坤一擲の戦いではなかったかと、私は思うんです。

津本 三方ヶ原では、家康と信長が組んで武田信玄と戦ったわけですが、家康は浜松城《はままつじょう》への籠城策《ろうじょうさく》を採らずに出撃するんですね。

二木　もし籠城していれば、信玄としても容易に落とせないだろうから、素通りして野田城を攻めるとみせかけて誘い出した。

津本　ただ、それでは武門《ぶもん》の面子《めんつ》が立たないということで、あえて出撃したんですね。

二木　それでコテンパンにやられて、あの時代は大抵一回負ければお仕舞いなんだけど、あそこで沈まなかったのも家康の偉さなんでしょうね。

津本　かえって、天下超一流の武田信玄に敢然とぶつかったということで男を上げました。信長との関係も強まりましたし。

二木　それで、小牧の戦いなんですが、賤ヶ岳《しずがたけ》で柴田勝家《しばたかついえ》を破った秀吉に対して、このままでは黙って頭を下げているしかないということで、家康がおのれの存在価値を示そうとした一戦です。

津本　兵力は織田信雄《のぶかつ》を加えても三万ぐらいで、秀吉のほうは十万を超えていますから段違いです。

二木　それでも、家康は池田恒興《いけだつねおき》や森長可《もりながよし》らを長久手で戦死させたり、豊臣秀次《とよとみひでつぐ》を敗走させたりという戦果を上げています。

津本　その実績があるんで、関ヶ原でも家康側についたという武将がたくさんいるんです。小牧・長久手の合戦で、家康は随分とネームバリューを上げたわけですね。

二木　当時、秀吉と一戦交えるというのは、どこから見ても乾坤一擲です。負けても当たり前だけど、それでも秀吉にも自分の実力と存在価値を認めさせたうえで臣下になったというのは、さすがと言うべきでしょう。

津本　そうしたものの集大成が関ヶ原だと言えます。秀吉が死んで、五大老《ごたいろう》というのがいて、そのなかで信望も人望もいちばんあったのは前田利家《まえだとしいえ》です。ところが利家が早くに死んでしまったので、トップに出るのは、外様《とざま》といえども家康しかいなかった。

『夢のまた夢』名場面

家康は信雄から三家老を成敗すると聞き、過激な行動をいましめる。

「三家老は、お家に大事の将器なれば、進退を暫時このままにいたし置き、なしうるならば、手なずけはたらかすが上々の策と存ずる。その者どもを誅すは、筑前が打ったる手に乗るきらいがあると勘考いたす。

こののちは上方よりのはたらきかけをよくよく見さだめ、油断これなきようなさるるが肝要でござろう。それがしが細作の者どもの注進によれば、筑前方の者ども入りこみ、中将殿がお身内衆にもかれこれ好餌をもって調略いたしおる由。

これは先日刈谷の水野忠重がもとよりの注進にござれば、ご家中の主なる者より質子《ちし》の儀をとりきめらるるが、ようござる。老婆心ながら申しあげまする」

信雄は家康と同盟すると、にわかに強気となった。

彼は家康にとめられた三家老の成敗を強行せよと、滝川三郎兵衛にすすめられるとたやすく応じた。

――『夢のまた夢』小牧長久手　より

三方ヶ原の合戦

——戦国最強の武田軍に真っ向から挑んだ徳川家康最初の賭け——

元亀《げんき》三年（一五七二）、十月、甲斐《かい》の武田信玄は、足利《あしかが》幕府十五代将軍・義昭による織田信長追討要請に応じる形で、三万の大軍を率いて西上作戦を開始した。信濃から遠江《とおとうみ》へと南下した信玄は、徳川家康の居城浜松から約二〇キロにある二俣城《ふたまたじょう》を占領すると、浜松城を目指して進軍した。家康は籠城戦を覚悟して浜松城で待ち構えたが、武田軍は浜松城からわずか二キロまで近づくと、一転進路を変えて北上。城を素通りして三方ヶ原方面へと遠ざかったのである。

何事にも慎重な印象を持たれる家康であるが、この時はなぜか「領地を蹂躙《じゅうりん》して行くのをみすみす見逃せるか！」と血気にはやり、出陣に踏み切ったという。

しかし、じつは家康には出陣せねばならない事情が潜んでいた。同盟者の織田信長から援軍が来ている以上、少しでも敵をひきつけて、信長

家康第1の賭け！ 三方ヶ原の合戦

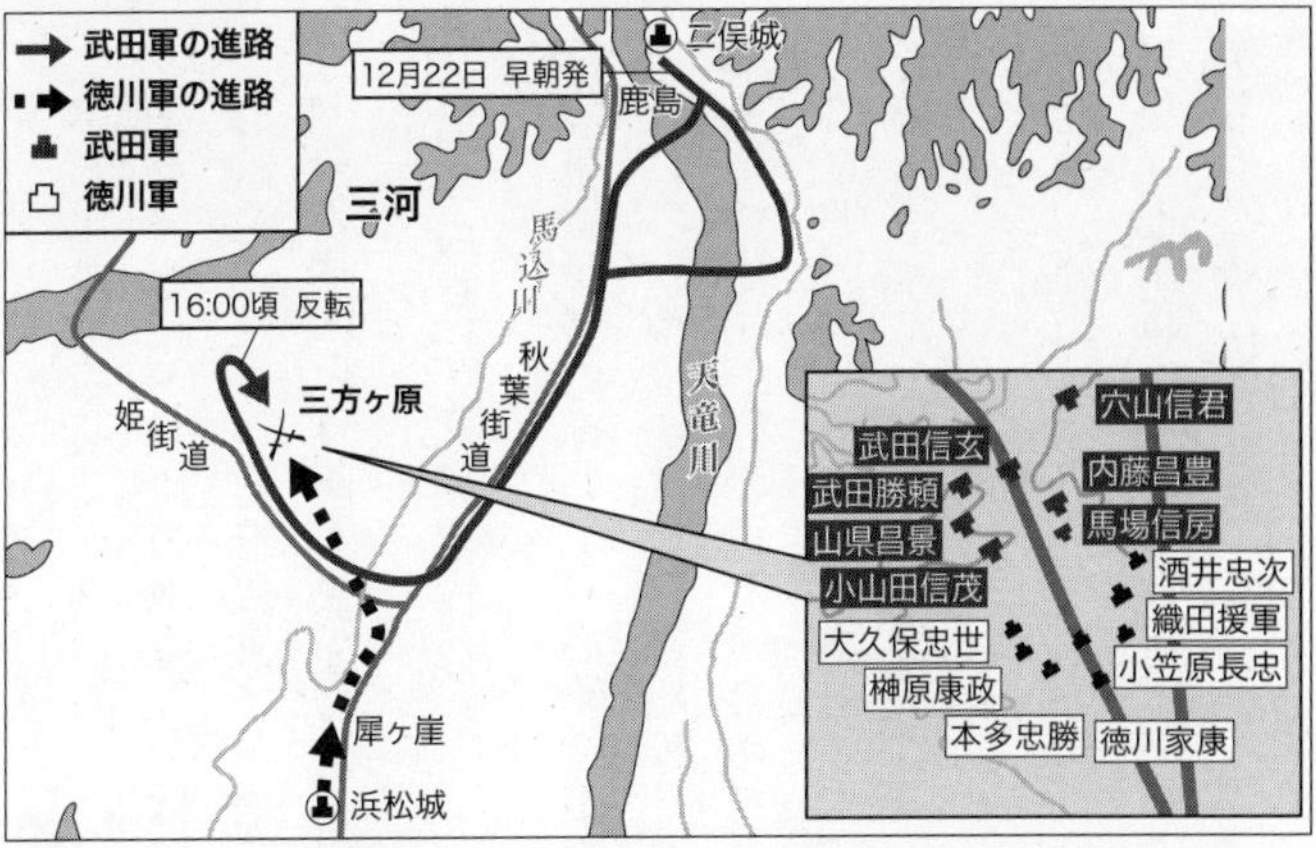

武田信玄は、西上作戦を進めるなかで、浜松城を素通りし、三方ヶ原方面へと動いた。徳川家康がこれを追撃したところ、三方ヶ原台地において武田軍が反転。夕刻から両軍は激突した。陣形を整えた状態で反転した武田軍の前に徳川軍はまったく歯が立たず壊滅し、家康は命からがら浜松城へと逃げ帰っている。

にアピールする必要があった。

また、遠江・三河の地侍たちは、強い大将を求めて簡単に鞍替えする。この時も遠江・三河を侵食する信玄に鞍替えする地侍が後を絶たなかった。その状況を打開するためにも信玄と一戦を交えねばならなかったのだ。

信玄の反転攻勢の作戦

家康は軍勢を率いて武田軍を追撃した。

ところが信玄の才覚は家康のそれを凌駕していた。行軍そのものが家康を誘い出すための罠だったのだ。

午後四時頃、台地の北端まで移動した武田軍は、突然反転して、家康を待ち構えたのである。信玄は城攻めを回避して野戦に持ち込む作戦だったのだ。

結果、徳川軍は自ら信玄の罠に飛び込む形で戦いが始まった。多勢に無勢、徳川軍は完膚なきまでに打ちのめされ、ほぼ壊滅。家康も命からがら浜松城に逃げ帰っている。

小牧・長久手の合戦

――局地戦に勝利した家康に対し、外交で勝利をおさめた秀吉――

賤《しず》ヶ岳《たけ》の合戦に勝利し、柴田勝家《しばたかついえ》を葬った羽柴秀吉は、名実ともに信長の後継者としての地位を確固たるものにした。

信長の次男信雄は、秀吉の台頭を前に、かつて信長の同盟者だった徳川家康への接近を試みる。

家康もまた、秀吉の野心を見抜き、その勢力拡大に危機感を覚えた。

そのため武田勝頼《たけだかつより》の旧臣を多く召抱えて軍団を増強する一方、四国の長宗我部《ちょうそかべ》氏や紀州《きしゅう》の根来衆《ねごろしゅう》、雑賀《さいか》の鉄砲集団を味方に引き入れた。

そこへ信雄から連携を持ちかけられた家康は、秀吉を倒す大義名分ができたと喜んだ。家康は反秀吉勢力で連携すれば、秀吉打倒が可能と考えており、今がその好機だと考えたのだ。そして天正十二年（一五八四）三月、信雄が秀吉に内応していた三人の家老を切腹させて秀吉との断交を表明した。

こうして始まったのが、小牧・長久手の合戦である。

このとき秀吉陣営には十万、家康陣営には三万五〇〇〇の兵が集まったといわれている。

数の上では秀吉側が圧倒的に有利だったが、戦いはそう簡単には進まなかった。

小牧・長久手の合戦の特徴は、当時の両雄とも呼ぶべき存在がにらみ合うも、局地戦に終始し、半年にわたる長期戦ながら、決戦が行なわれなかったことである。

では合戦の経過を見てみよう。

戦いは三月、池田恒興が羽柴軍に寝返り犬山城を占拠したことから動き出した。そして、羽柴方の森長可《もりながよし》が小牧山城の占拠の準備を進めると、その動きを察知した家康方の酒井忠次《さかいただつぐ》が奇襲をかけ、森勢を駆逐した。この羽黒の戦いが緒戦となる。

家康が小牧山城を占拠し、迎撃体制を整えたのに対し、秀吉は大坂城を出て四月に小牧に布陣。両軍とも砦や土塁を構築し、敵に備えたため、

家康第2の賭け！小牧・長久手の合戦

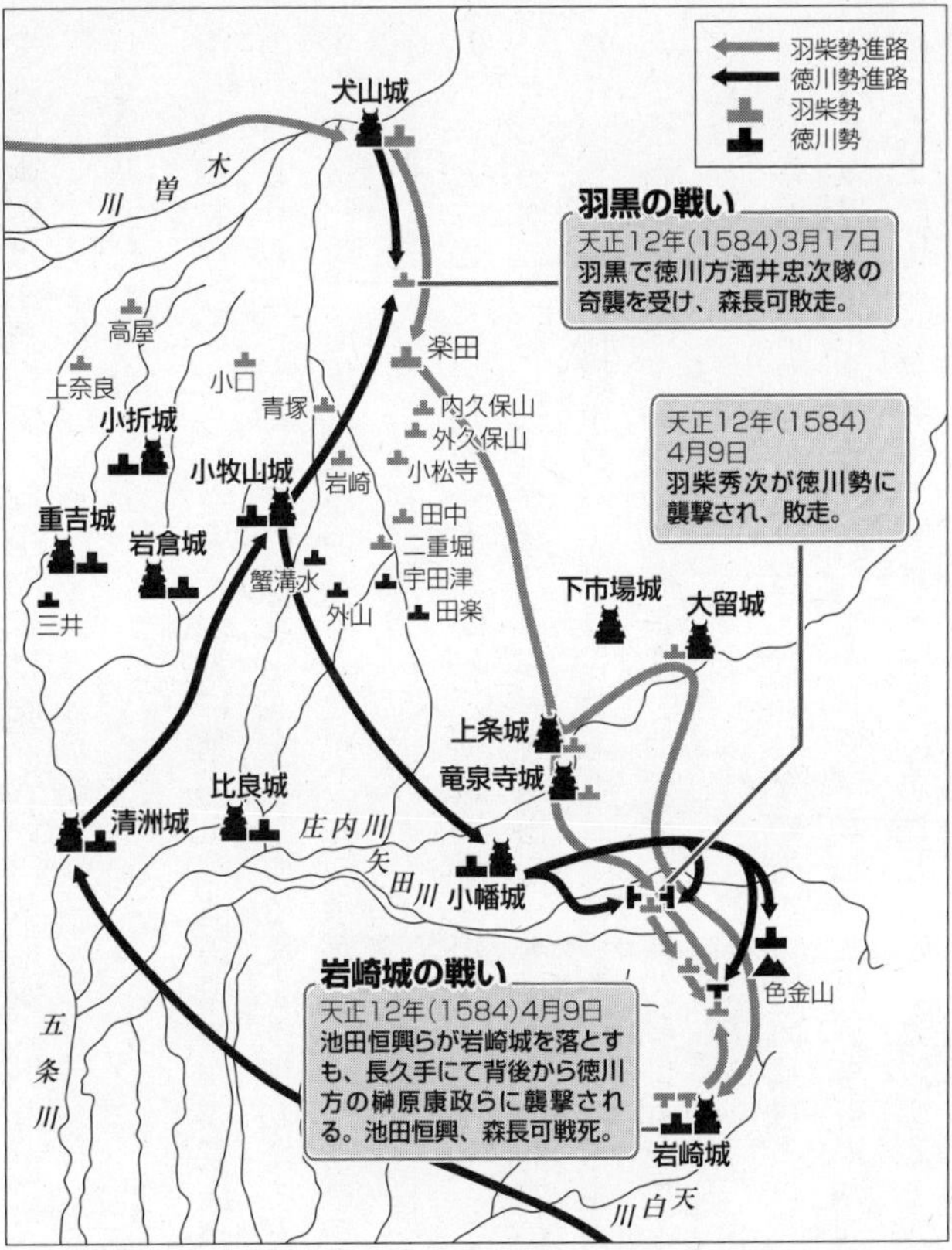
羽柴勢進路
徳川勢進路
羽柴勢
徳川勢
犬山城
木
曽
川
羽黒の戦い
天正12年(1584)3月17日
羽黒で徳川方酒井忠次隊の奇襲を受け、森長可敗走。
楽田
高屋
上奈良
小口
青塚
内久保山
外久保山
小折城
小牧山城
岩崎
小松寺
田中
二重堀
宇田津
田楽
重吉城
岩倉城
蟹清水
外山
三井
天正12年(1584)
4月9日
羽柴秀次が徳川勢に襲撃され、敗走。
下市場城
大留城
上条城
竜泉寺城
比良城
清洲城
庄内川
矢
田
川
小幡城
岩崎城の戦い
天正12年(1584)4月9日
池田恒興らが岩崎城を落とすも、長久手にて背後から徳川方の榊原康政らに襲撃される。池田恒興、森長可戦死。
色金山
五
条
川
岩崎城
天
白
川

織田信長の事実上の後継者として振る舞う秀吉に不満を持った織田信雄は、徳川家康に接近し、秀吉に与する家老たちを誅殺した。羽柴・徳川両軍は小牧にて滞陣を続けた。先に動いたのは秀吉で、池田恒興の献策を受け入れて長駆三河を攻撃する策に出た。しかし、家康はこれを読んで追撃し、長久手にて撃破した。

各地の戦闘は小規模で、両主力軍は睨み合いの状態が続いた。

家康を挟み撃ちに

これにしびれをきらした秀吉が先に動いた。池田恒興が、家康が小牧山にいるうちに、大将不在の領地三河を攻撃する策を献策したのだ。秀吉も家康相手に簡単ではないと考えたが、打つ手がなく、これを受け入れた。四月七日、秀吉の甥羽柴秀次を大将として、池田恒興らに率いられる一万六〇〇〇の別働隊が密かに三河に向けて出陣した。

ところがここから家康が戦巧者ぶりを遺憾なく発揮する。秀吉の策を読んだ家康は、榊原康政《さかきばらやすまさ》を先回りさせるとともに、なんと自ら主力を率いて小牧山を出陣。秀次の軍を追撃した。そして長久手付近で挟み撃ちにしたのだ。

まさか敵に先回りされているとは思わない秀次らは面食らった。しかも待ち受けた徳川方は地の利を生かして攻撃したため、秀吉軍の別働隊はたちまち総崩れ。秀吉も大軍を率いて急行したが、救援することはできず池田恒興や森長可も戦死し、秀次は命からがら逃げ戻った。

こうして家康を一気に潰そうという秀吉の目論みはもろくも崩れ去り、この後秀吉は大坂城に戻った。以後、能登国《のとのくに》で末森城《すえもりじょう》の合戦などの局地戦は行なわれたものの、両軍の睨み合いが続いた。

秀吉の次の一手「外交」

これを見た秀吉は、総力戦となれば勝利できると考えていたものの、これではかなりの時間の浪費と味方の損害を強いられると考え、勧誘工作に切り替えた。

信雄にターゲットを絞り、その領地をじわじわと圧迫したのである。するとこれに耐え切れなくなった信雄は、家康に断りもなく秀吉と単独講和を結んでしまう。

家康にしてみれば、いきなりはしごをはずされてしまったようなもの。こうして家康も秀吉と戦う大義名分を失い、自然消滅的に合戦は終わった。

家康は局地戦では勝利したものの、秀吉の外交戦略の前に敗れたわけである。

以後、秀吉は天下人への道を歩み始める。家康はむざむざとそれを許してしまうわけだが、一方で小牧・長久手の合戦で見せた戦巧者ぶりから、秀吉も家康を尊重せざるを得なくなったのである。

長き雌伏の時代を経て確固たる基盤を築き上げた家康の集大成が、関ヶ原の合戦であった。家康はこの天下分け目の勝者となり、事実上の天下人となる。

世論を納得させる大義名分

二木　私は昭和五十年に中公新書の『関ヶ原合戦』を書いてますが、その中には書かれていない重大事が一つあって、それは秀吉が葬式をしてもらっていないということなんです。

津本　でも、葬式があったという記録が残されているのではないんですか。

二木　秀頼《ひでより》に五大老、五奉行、淀殿《よどどの》も北政所《きたのまんどころ》も一堂に会して、慶長《けいちょう》四年（一五九九）二月十八日に大規模な葬式が行なわれたと江戸時代の記録にあって、絵まで残されているのですが、偽物なんです。当時の公家や坊さんの記録には何も残されていません。

津本　葬式もしてもらえないというのは、秀吉も不幸ですね。

二木　結局、喪主《もしゅ》も葬儀委員長も葬儀委員会も成立しなかったからです。喪主は北政所か秀頼だけれど、秀頼だと淀殿が出てくる。葬儀委員長は、本来は家康だけれど、家康に秀頼を抱く気などない。

奉行派と武将派は対立していて、例えば石田三成《いしだみつなり》と福島正則《ふくしままさのり》は絶対に顔を合わせられないというぐらいだから、葬儀委員会も成立しない。そうこうしているうち、二年後に関ヶ原合戦になってしまったんです。

津本　それだけ、秀吉の死後の内紛、分裂状態が激しかったということですね。

二木　天下取りとなれば、石田三成が手を挙げたとしても、今で言えば企画室長、総務部長クラスですからね。取締役会のナンバーワンは家康で、ツーとスリーの毛利、上杉とはいずれ対決せざるをえないんです。

津本　家康は信長、秀吉の時代からずっと苦労をしてきていて、秀吉が死んで、後継は六歳の秀頼しかいないとなれば、自分がやるしかないと思ったはずです。でも、秀頼のいる大坂城を攻めるわけにはいかないから、わざと上方を留守にして会津の上杉を叩くんです。

二木　もちろん、そうすると毛利が大坂城に入ることは読んでいて、石田方の西軍に挙兵させて、それを受けて立つというかたちを取るんです。

津本　それは、大義名分ということです。私も、雑誌に関ヶ原のことを書いて実に面白かったんだけど、大勢の人間が家康と三成を中心としていろいろに動くのが面白いわけで、それをよく見ていると、日本人は大義名分がなかったら動かないんです。それが中国なんかの場合とは大きな違いです。

二木　私心とか個人的利害では駄目で、日本では世論も納得させるだけの大義名分が絶対必要なんです。その点、家康は、秀頼は残したまま事実上の天下取りをしてしまうぐらい、大義名分の立て方がうまかった。だから乾坤一擲の関ヶ原にも勝利するんですが、結局、今川家での人質時代から始まって、信長と秀吉に仕え、三方ヶ原の合戦や小牧・長久手の合戦など多くの戦いを経験することで身についたものが、一気に花開いたという気がします。

津本　私は、家康のことを書いてもあまり好きになれないかなあと思っていたんですが、そうじゃなかった。根回しをして徳川家の基盤がしっかりするような布石はちゃんと打つんだけど、でもこれは生きている間だけのことさといった達観というか、潔さ、一種のニヒリズムのようなものが家康にはあるんです。

その点では、信長も似ています。秀吉だけは違っていて、最初はストレートで凄いんだけど、位が上がって天下の富を集めるようになると現実にしがみついてしまうんですね。

『乾坤の夢』名場面

家康が会津征伐に出たのち、石田三成が西国諸大名と語らい、挙兵するであろうことは、元忠も承知している。家康は石田三成が同腹の大名たちと決起する機会を挑発しようとしているのである。

現在の政情のまま推移しておれば、家康は豊臣政権大老筆頭の地位に甘んじ、秀頼の臣下として服従するよりほかに道はなかった。彼が天下兵馬の権を掌握するために秀頼と雌雄を決しようとすれば、豊臣方諸大名はかならず大坂方に就く。

秀吉の恩顧を受けた武将たちが、家康との交情を捨て、大坂城に結集するのはあきらかであった。家康は主人の秀頼に対抗すれば大義名分が立たない。

彼に反感を抱く石田三成が挙兵すれば、はじめて大坂方を攻撃する名分が得られる。伏見を離れ会津征伐にむかうのは、三成の行動を誘うためであった。

――『乾坤の夢』眠り猫　より

関ヶ原の合戦

――二ヶ月間にわたる攻防と天下の形勢を決定付けた一日――

豊臣秀吉の死後の二年後、石田三成と徳川家康による天下分け目の関ヶ原の合戦が起こる。ただし、この合戦は慶長《けいちょう》五年（一六〇〇）九月十五日の関ヶ原での決戦だけで決着がついたわけではない。戦いは、東北、九州など、全国各地を巻き込んで繰り広げられ、いわば、関ヶ原の大乱とも呼べるものであった。

戦いの発端は、豊臣家五大老の筆頭にあった家康が専横を始め、天下取りへの野望を露わにし始めたことにある。

さらに家康は、豊臣政権の中心にある石田三成が、豊臣系武断派大名とそりが合わないことを利用して、多くの豊臣系大名を巧妙に味方に引き入れる一方、三成を失脚へ追い込んだ。

そして家康はついに最後の一手を打つ。

豊臣家に逆らう上杉を討つという名分で大軍を率いて大坂を出陣。わ

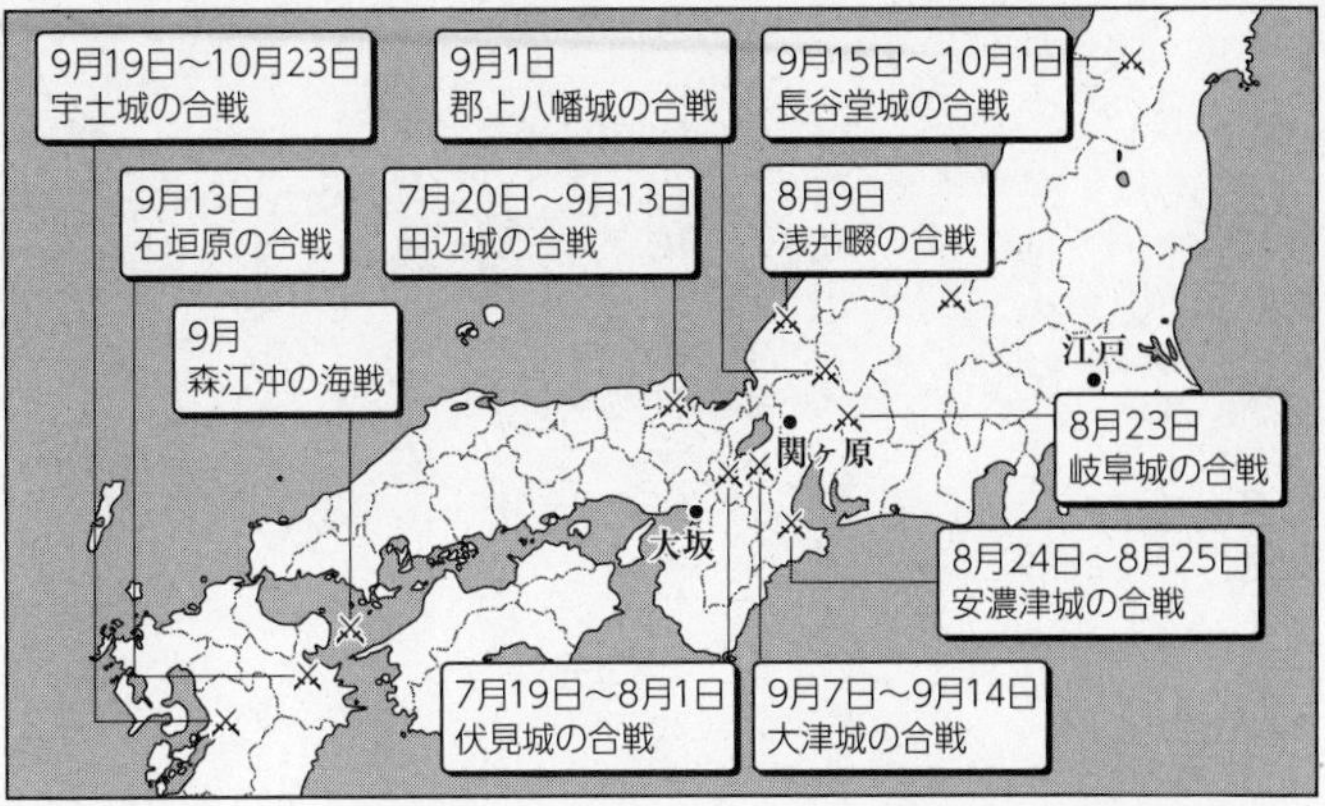

関ヶ原の合戦といっても、慶長5年（1600）9月15日に行なわれた決戦だけがすべてではない。全国にわたって諸大名が東軍と西軍にわかれて熾烈な争いを繰り広げており、その結果として関ヶ原の決着となったといえる。

ざと隙を作り、三成に挙兵させようとしたのだ。

そして慶長五年（一六〇〇）七月十一日、ついに三成は挙兵を決意した。十七日には中国地方の大名毛利輝元《もうりてるもと》が三成の要請を受け、西軍の総大将として大坂城に入った。

家康が三成挙兵を知ったのは下野《しもつけ》である。家康は小山《おやま》で軍議を開き、「三成憎し」の福島正則、山内一豊《やまうちかずとよ》ら豊臣系大名に家康に従うことを表明させている。そして江戸に戻った家康は、九月に出陣するまで多数派工作のための手紙を書きまくった。

こうして家康の策略によって東軍が結束を固めるなか、西軍にも島津氏ら九州大名、長宗我部盛親《もりちか》、小西行長《こにしゆきなが》らが加わり、勢力を形作っていた。

各地の関ヶ原前哨戦

前哨戦は七月から各地で始まった。

三成は家康が反転して戻るまでに周囲の東軍を排除して有利な拠点を

確保しようと、七月半ばから伏見城《ふしみじょう》、田辺城《たなべじょう》などを攻めるも苦戦する。しかも東海道筋の大名の多くが東軍についたため、東軍の先鋒部隊は予想を上回る速さで東上し、清洲城《きよすじょう》に入り、八月二十三日には岐阜城も攻略した。

こうした数々の前哨戦が決戦当日に大きな影響を及ぼすことになる。関東、北陸、近畿、伊勢におけるそれぞれの戦いが長引いたことで両軍とも戦力不十分なままで開戦することになったからである。

家康の東軍は、中山道《なかせんどう》を進む息子の秀忠《ひでただ》が、上田城で真田氏《さなだし》に足止めをくらい、決戦に間に合わなかった。加賀《かが》の前田勢も西軍に足止めされ参戦できなかった。

一方三成の西軍も、大津城《おおつじょう》攻めに手こずった立花宗茂《たちばなむねしげ》などが間に合わず、万全とはいえなかった。

開戦！　関ヶ原

そして九月十五日早朝、西軍八万四〇〇〇、東軍七万四〇〇〇の大軍

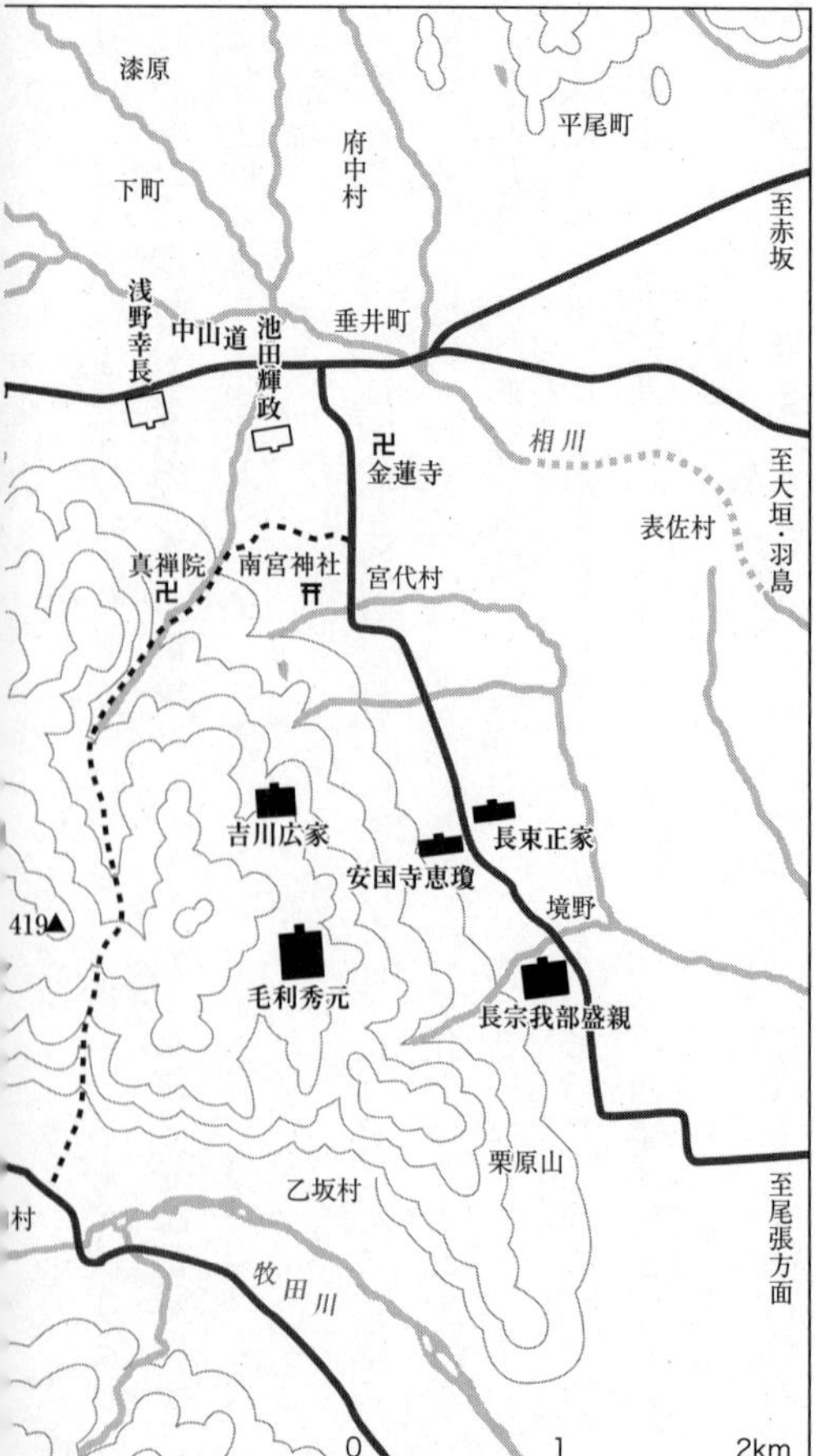
漆原
平尾町
府中村
下町
至赤坂
浅野幸長
中山道
池田輝政
垂井町
相川
金蓮寺
至大垣・羽島
表佐村
真禅院
南宮神社
宮代村
吉川広家
長束正家
安国寺恵瓊
境野
419
毛利秀元
長宗我部盛親
栗原山
乙坂村
至尾張方面
村
牧田川
0
1
2km

関ヶ原の合戦

関ヶ原の合戦は西軍優位のままで進んだが、ほどなく膠着状態に陥る。三成は吉川広家と小早川秀秋に東軍を背後から突くように指示したが、吉川隊は東軍に内通して不戦を貫き、小早川秀秋は東軍に内応して西軍の大谷吉継を攻撃。西軍の戦線は崩壊し三成らは伊吹山方面に退却した。

勢が、関ヶ原一帯に布陣を終えていた。

たちこめていた霧が晴れ始めた午前八時、東軍の井伊直政《いいなおまさ》隊が西軍の宇喜多秀家《うきたひでいえ》隊に鉄砲を撃ちかけたのを合図に戦闘が始まった。東西両軍目の前の敵に突進。とくに三成が陣を構える笹尾山《ささおやま》には黒田長政《くろだながまさ》、細川《ほそかわ》忠興《ただおき》らが殺到し、激しい攻防が繰り広げられた。

東西両軍は五分五分の戦いを展開していたが、じつはこの段階で西軍で戦っているのは半分にも満たなかった。

島津義弘《しまづよしひろ》や西軍の南宮山《なんぐうさん》にいる毛利秀元《もうりひでもと》、吉川広家《きっかわひろいえ》、松尾山の小早川《こばやかわ》秀秋《ひであき》は傍観して動かない。三成は彼らが動けば勝利できると「総攻撃」の狼煙《のろし》をあげたが、動く気配がない。

じつは西軍は数の上でこそ優位に見えるが、もともと一枚岩ではなかった。

大将の毛利輝元は出馬せず、島津も仕方なく西軍についたいきさつがある。

しかも毛利一族の吉川広家は家康に内通しており、秀秋は家康と三成のどちらにつくかいまだ去就を決めかねている状況であった。

勝敗を決めた裏切り

膠着状態が続く正午、家康は一か八かの勝負に出る。内応を約しておきながらいまだ去就をはっきりさせない松尾山の小早川勢に向けて鉄砲を撃たせたのだ。

これに驚いた秀秋は、ついに東軍へ寝返る決意を固め、松尾山をくだり、西軍の大谷吉継《おおたによしつぐ》に挑みかかった。それにつられるように、大谷隊の側面にいた脇坂安治《わきさかやすはる》ら四隊も寝返り、大谷隊に襲い掛かった。奮戦したが持ちこたえきれなくなった大谷吉継が自刃して西軍の右翼が崩壊すると、中核となっていた小西行長、宇喜多秀家らも敗走するに至った。

ついには石田三成も伊吹山へ逃走し、最後まで残されていた島津義弘は正面突破という大胆な策で戦場を離脱していった。

午後三時頃には西軍部隊が関ヶ原から一掃され、東軍勝利に終わったのである。

数日後、三成は捕らえられ十月一日に処刑された。

さらに合戦後、家康は大坂城に戻り、戦後処理を行なう。西軍総大将の毛利輝元は、一二〇万石から一気に防長二か国三十六万石に削減された。

そのほか西軍についた大名の多くが改易となり、豊臣家も二〇〇万石から摂津《せっつ》・河内《かわち》・和泉《いずみ》の六十五万石へと減封している。ただし島津氏の処遇には悩んだのか、のちに所領安堵《あんど》を言い渡している。

一方、東軍についた豊臣系大名は加増したものの中国・四国・九州へと追いやり、近江から東にかけては徳川一門や譜代《ふだい》で固めた。

こうして家康は、関東を基盤とする支配体制を磐石にしたのである。

家康のナンバー2活用術

前述したように、三河武士と家康の結束力は非常に強いものがあった。三河以来の譜代の臣である、本多忠勝《ほんだただかつ》、酒井忠次《さかいただつぐ》、榊原康政《さかきばらやすまさ》、井伊直政の徳川四天王《してんのう》に代表される家康の家臣たちは家康を人質時代から支え、織田信長との同盟下での苦闘、秀吉政権下での成長を経て家康の天下取りに貢献した。

また、本多正信や、のちには天海《てんかい》のような謀臣が家康の傍らにあって、政略の面から家康を補佐した。

では、そうした補佐役たちを家康はどのように活用し、いかにして能力を引き出したのだろうか。

天下統一目前に倒れた信長や、天下を子・秀頼の代までも保たせることができなかった秀吉との違いは、果たしてどこにあったのだろうか。

家康の生い立ちと「人使い」

二木　家康というのは信長、秀吉とは、時代が変わってくるということもあるんでしょうけれども、補佐役とか参謀、ブレーンといわれるものだけについても、かなり違うところがありますね。

津本　武田信玄と徳川家康というと、人使いの名人だとかということがよく言われますけれども、確かに家康にはそういう面が強かったことは事実ですよね。

二木　そうでしょうね。家康は石橋をたたいて渡るというんですか、非常に用心深いですね。言いようによっては臆病みたいなところがあります。私も信玄のことを書くまで知らなかったんですけれども、武田と徳川はあの当時、戦力がものすごく違っていたんですね。

勝頼の代になっても、彼は自分の家来に浜松の土地をやっていますよ。家来はそれをもらっていますよ。つまり、家康の領地などいつでも取れる、というふうにみんな思っていたわけです。

家康は長篠で勝った後でも、また勝頼が出てきたら逃げたりしていますよね。だから、ずいぶん用心深い男です。用心深いということは、酒井忠次とかいろいろ家来の言うことを迷いながら聞いては、こうしようかと考えている。そういう点では戦国三英雄のなかでは家康が補佐役の言うことを一番よく聞いていた。それを判断するのは家康自身ですけれども。

二木　私は基本的には家康も独裁者であると思うし、そんなにお人好しの、人を信じていた男でもない、非常にクールでさめた男であったと思うんですよね。ただ、家康という人間がなぜ人使いがうまかったかといえば、やっぱり彼の生まれ育った環境が違うからです。

信長の場合ですと、織田家末流の、清洲三奉行の家柄の出ですけれども、父の信秀が死ぬとすぐ弟たちとの対立が表面化したぐらいで、織田家の譜代の臣といえども必ずしも信長についていたわけではないですよね。むしろ信長は一族や家臣に対して不信感を持って青年時代を過ごしている。織田家の譜代の臣の一族や同族で争いがあったり、家臣には裏切られたりするなかで、跡を継いで、自力で成長したわけです。

秀吉の場合になると、今度は生まれが悪いし、人脈がないわけです。そういう補佐役ももちろんいなかった。

けれども、家康の場合は、彼が竹千代《たけちよ》といわれ、織田や今川の人質になっているころから、三河以来の松平家譜代の家臣が彼を支えていたと思うんです。竹千代が赤ん坊で右も左もわからないころから、松平の家臣は幼君竹千代を守り立ててきたわけです。

そして、成長して政権をとるまで、四天王といわれる酒井忠次、榊原康政、井伊直政、本多忠勝ら、あるいは三河の三奉行といわれる連中や、さまざまな譜代の家臣たちが前提としてあった。生まれながらにしてそういう家臣の力を無視できないように育てられている。

少なくとも関ヶ原合戦ぐらいまでは家康の補佐役というとだれですか。やっぱり四天王でしょうね。

津本　そうですね。

二木　要するに酒井、榊原、井伊、本多という連中です。基本的には家康も独裁者でありワンマンだった。信長とはちょっと違うワンマンですが、最後の決定権は家康が握っている。それを支えていたのはそういう連中ですね。

ところが、政権をとると今度は違いますね。幕府を開き、大御所《おおごしょ》になってくると、そういう今までの大名たち、家康を支えてきた連中は外されちゃって、新しいスタッフとかラインが出てくるわけです。それがよくいわれる本多正信・正純《まさずみ》親子とか、あるいは天海、崇伝《すうでん》とか、林羅山《はやしらざん》とか、あるいは商人の茶屋四郎次郎《ちゃやしろうじろう》とか、後藤光次《ごとうみつつぐ》とか、ウイリアム・アダムズとかといったさまざまな人物です。今の政治家が文教政策をやったり学者を大事にしたりする。諮問《しもん》委員会をつくってノーベル賞クラスの文化人をいっぱい集めて使っていく。それと同じように、家康は頭脳集団というかスタッフを使うのが上手だったんです。

補佐役の条件

二木　信長・秀吉・家康と見てきたわけですけれども、今まで見てきたことから、補佐役とかナンバー2とかいうものの条件とは何かという問題を論じたいと思うんです。

現代のビジネスマンが補佐役とかナンバー2という形で生きていくには何が必要なのか、信長・秀吉・家康を見ると、こんなことが言えるんじゃないか、というような点でいかがでしょうか。

津本　結局、本当の意味の補佐役はトップに完全に欠けている部分を補うといいますか、そのまいったらぐあいが悪くなるというのをうまく補って方針を切り換えていく。そのくらいの力がなかったらやっぱり補佐役とはいわれないと思うんです。

信長とか秀吉とか家康というものは、もう賢いですから、自分の足りない部分は自覚して、適材適所でそれを補充していくようなやり方をするでしょう？　そうすると、それをやっぱり手足のように使っているんですね。

ところが、会社の創業者というのは、天才的な人なんかでも、まったくわからない部分があるような人が結構いますわね。そういう欠けた部分を補っていく。そのためにはちょっとその人を「会長」ぐらいに落としてでも会社を存続させる。そういうナンバー2は各企業にもいっぱいいるんじゃないですかね。

三河時代の徳川家家臣団

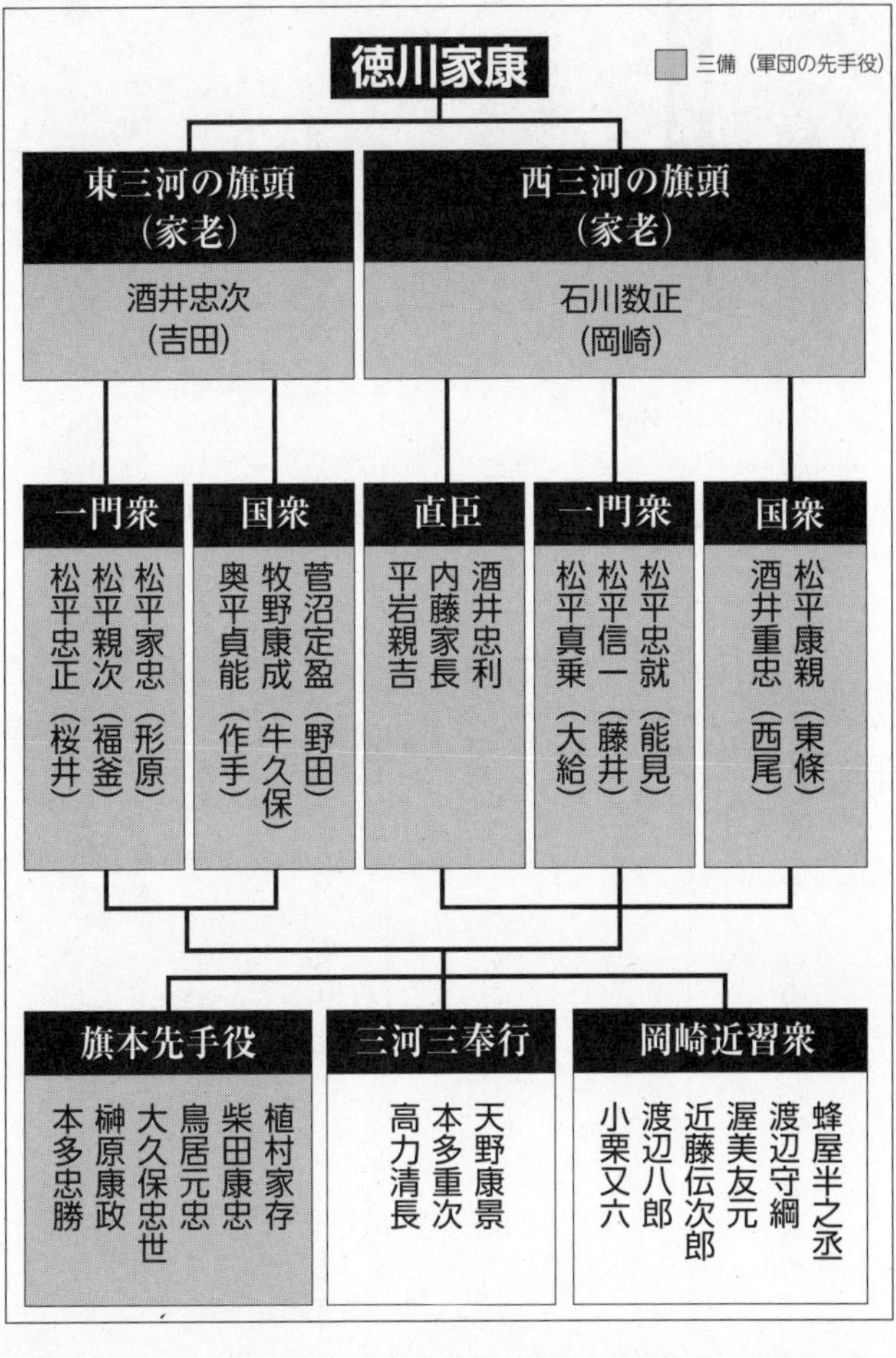
徳川家康
三備（軍団の先手役）
東三河の旗頭（家老）
酒井忠次（吉田）
西三河の旗頭（家老）
石川数正（岡崎）
一門衆
松平家忠（形原）
松平親次（福釜）
松平忠正（桜井）
国衆
菅沼定盈（野田）
牧野康成（牛久保）
奥平貞能（作手）
直臣
酒井忠利
内藤家長
平岩親吉
一門衆
松平忠就（能見）
松平信一（藤井）
松平真乗（大給）
国衆
松平康親（東條）
酒井重忠（西尾）
旗本先手役
植村家存
柴田康忠
鳥居元忠
大久保忠世
榊原康政
本多忠勝
三河三奉行
天野康景
本多重次
高力清長
岡崎近習衆
蜂屋半之丞
渡辺守綱
渥美友元
近藤伝次郎
渡辺八郎
小栗又六

二木　おりますね。

津本　例えば社長が職人で科学の面とか、ほとんど何も知らん場合、結局そういう部分を補っていこうとするようなナンバー2が出てくると、社長は嫌がられて、ちょっと横へ寄っておいてくれといわれ、そうすることによって会社がもっていきますわね。

だけれども、家康や秀吉ぐらいの人物になってきたら、視野というかイマジネーションの容量が広大ですわね。だから、たいていの補佐役はみんな飲み込まれるんじゃないですか。

英雄の大変な器量の大きさといいますかね、そういったものを小説に書いておっても非常に感じますね。

『乾坤の夢』名場面

数日を経て、本多正信が駿府へ伺候した。逐電した天野康景の与力の侍衆を、わが組下につけるためである。

家康は、正信がご機嫌うかがいに参上すると、語りかけた。

「儂はのん、若年のときは陣場を往来して、学問する暇もなかりしだわ。いま、かように齢《よわい》を重ぬるとも、不学だで」

本多正信は、家康が自らの不学をことさらにいうとき、わが体験をふりかえり、誰かを教諭しようと望んでいることを知っている。

――はて、殿には儂に何ぞお申しつけかや――

正信はふだんのように半眼をとじ、視線を膝もとにおとしている。

家康は言葉を続けた。

「儂は不学ながら、若き時分より、老子が言葉なりと余人に聞きおきしふたつの言葉を、心にとめて受用いたせしものなりしだわ。将軍（秀忠）には、われわれとちがい、かねがね学問もいたさるることなれば、さだめて聖賢の格言どもを、あまた心得てあろうがのん。儂が胆《きも》に銘じたるふたつの言葉は、つぎのようなるものだわ。足ることを知りて足る者は、常に足る。仇《あだ》をば恩をもて報ずる」

家康は、睡《ねむ》るような表情で前にひかえる正信に問いかける。

「いかがじゃ、佐渡。よき言葉とは存ぜぬかのん」

正信は平伏した。

「まことに、感銘いたすべきお諭《さと》しにござりまする。人の践《ふ》むべき道は、げに、さようありたきものと存じまするに」

「うむ、将軍には、この言葉ばかりを用いよと申すにはあらねども、そのほうどもが心得までにいい置きしだわ」

正信は江戸に返って、秀忠に家康のいうところを伝えた。

「いかさま、さように仰せられしか。いかなるご存念かのん。儂が足ることを知らず、驕者《きょうしゃ》のふるまいありと思し召さるるか。また人を裁くに厳しきに過ぐるところありと、ご覧遊ばされておるるのかや」

正信は答える。

「上さまにさようの儀ありとして仰せられしにてはなく、なにかとお申しつけ遊ばさる親心ばかりと存じまするに」

秀忠は、ただちに硯《すずり》をとり、自らその二語を記し、座右に掲げさせた。彼は父の指図には従順であった。

――『乾坤の夢』江戸　より

二代目、三代目の甘さと徳川家

天下分け目の関ヶ原の合戦において、次代の担い手となった徳川家と対照的な運命をたどったのが、中国の覇者毛利氏である。

当主毛利輝元《てるもと》は、毛利元就《もとなり》の孫にあたり、父・隆元《たかもと》が早世したため、偉大な業績を残した祖父元就の跡を継いだ。関ヶ原においては西軍の総大将として担がれ、大坂城に入城するも、戦わずして降伏。大減封の憂き目に遭う。

一方、徳川家は、関ヶ原の合戦後、二代目の秀忠に円滑に将軍職を移譲。秀忠は、家康没後も安定した政権運営を行ない、幕府権力の強化に大きな功績を残した。

偉大な創業者を持ちながら、なぜ毛利家は衰退し、徳川家は興隆したのか。ここでは家督《かとく》の継承者である二代目たちから、両家の違いを浮き彫りにする。まずは関ヶ原の合戦前後の動きから探ってみよう。

家康と毛利、上杉の微妙な力関係

二木　家康と毛利一族の人間関係を見るということでは、まず秀吉の五大老の力関係から見ていくことが必要でしょう。

津本　五大老は、秀吉が自分の亡き後、秀頼と豊臣家の行く末を案じてつくらせた体制で、徳川家康、毛利輝元、上杉《うえすぎ》景勝《かげかつ》、前田利家、宇喜多秀家が五大老です。そして、五奉行として石田三成、長束正家、前田玄以、浅野《あさの》長政《ながまさ》、増田《ました》長盛《ながもり》がいました。

二木　禄高からいっても、家康が二五〇万石でナンバーワンです。毛利がナンバー2で、毛利一族というかたちで小早川、吉川、安国寺《あんこくじ》恵瓊《えけい》なども含めると一七〇万石ぐらいになるでしょうか。ナンバー3が上杉景勝、そして前田利家、宇喜多秀家という順になるわけです。

津本　豊臣家の家臣のなかで、前田利家は要の地位にあって、信頼も人望もあった。宇喜多秀家も母親であるお福の方が秀吉の側室になったということもあり、大老五人のなかでもこの二人だけは譜代の豊臣家家臣ということで違っていたわけです。言い換えれば、他の三人、徳川、毛利、上杉は外様《とざま》だということです。禄高も高く、重鎮であるのは間違いないけれど、でも外様は外様です。

二木　当時の豊臣家は、武将派と奉行派という対立もあって、いつ内紛が起きてもおかしくない状況にあったのだけれど、そんなときに利家が死んで、次の政権、実権は誰が握るかということで外様の徳川、毛利、上杉の戦いになったと見ているのですがいかがでしょう。

津本　それはそうだと思います。そして、そこから関ヶ原の戦いになってくるわけです。太閤《たいこう》が死んで、後継者は六歳の秀頼しかいない。次の豊臣の天下を考えた場合には、誰か本物のトップが必要なわけで、家康は自分がやらなければと思ったのではないでしょうか。周囲の加藤清正や福島正則といった連中も、家康に期待しているところがありましたし。

二木　その一方で、石田三成もトップを狙っていたわけです。石田三成というのは、今の会社組織でいえば社長室長とか企画室長とかいった感じで、社長の側近というところでしょうか。その三成は、秀吉亡き後の天下を支えるのは自分だと

徳川四天王の領国

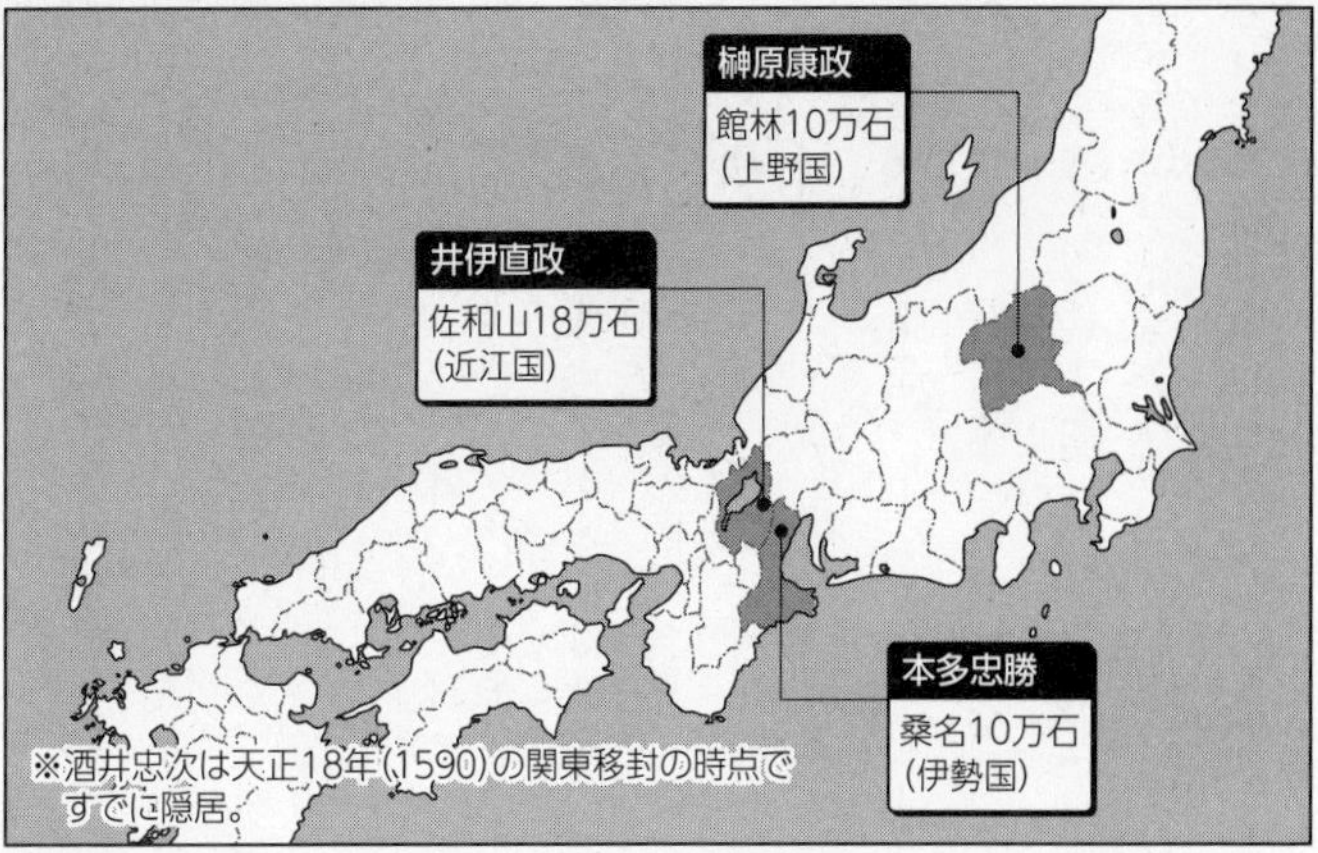
榊原康政
館林10万石
(上野国)
井伊直政
佐和山18万石
(近江国)
本多忠勝
桑名10万石
(伊勢国)
※酒井忠次は天正18年(1590)の関東移封の時点ですでに隠居。

徳川四天王と呼ばれた本多忠勝、井伊直政、榊原康政は、関ヶ原の合戦後 10 万石以上を拝領し、大名となった。

思っているけれど、加藤清正、福島正則など武将派は三成に反感を持っている。そこで、家康と三成の対立の図式というものもできてきます。

津本　ただ、その前哨戦というか、家康としては、まず上杉景勝と毛利一族と対決せざるをえないわけです。

二木　まさにそこに、関ヶ原の因があったと思われるのですが、家康の上杉景勝に対する会津征伐をどう見られましたか。

津本　上杉家の家老である直江《なおえ》兼続《かねつぐ》の高姿勢ぶりが印象的です。家康からの上洛要請に対しても、三年の間は封地にいて諸役を免除されるのは亡き太閤殿下から差し許されたことで、上洛をする義務はないと言い張る。あれだけ高姿勢でいられるというのは、石田三成との繋がりがあったからだと思います。

二木　それは、間違いなくそうでしょうね。

津本　それで、毛利輝元も上杉攻めに出て来たはずのところを、西軍のほうに引っ張り込まれて総大将にされてしまう。もちろん、その辺の根回しは石田三成と安国寺恵瓊がしっかりやっていたはずですが。

二木　会津《あいづ》征伐で面白いのは、家康が起こしたことだけれど、豊臣家のための戦争というかたちを取っていることです。秀頼も家康に対して米や餞別《せんべつ》も渡して見送っている。豊臣家に不義不忠を成し、上洛もして来ない上杉を討つのだという ことで豊臣家の武将連中もくっついて行っているわけです。

津本　対する上杉のほうは、家康と戦うとなれば、大坂城と結びつくのは当然の ことですから、三成との繋がりはもちろんあったでしょうね。

二木　上杉景勝、直江兼続と石田三成との往還文書には偽文書と見られるものも 少なくないのですが、上杉と石田の共謀はあっても不思議ではありません。その 一方で、家康が仕組んだことだという見方もできる。家康とすれば、いずれ上杉 と毛利は叩かなければいけないのだけれど、まずは会津に兵を向けて、大坂を留 守にしている間に三成に兵を挙げさせる。

津本　案の定、三成は兵を挙げました。

関ヶ原以前に毛利一族は分裂していた

二木　家康は、自分から仕掛けたのでは不義不忠になってしまうから、受けて立つかたちを取る必要があった。そのためには大坂を留守にしなければいけないということで、毛利が大坂城に入ることも読んでいたと思います。ポイントとなるのは、家康が毛利一族をどう見ていたかということですが、毛利輝元という人物は、津本さんが描くところではどうでしょうか。

津本　毛利元就の長男が隆元で、その子供が輝元です。文字どおりの三代目のぼんぼんで、毛利家の盟主としての才能は、全くといっていいほどなかったと思います。資料を調べれば調べるほど、そういう像が浮かんできます。

二木　父親の隆元が早くに病死したため、元就の跡を輝元が継ぐわけですが、永禄十年（一五六七）に、元就が十五歳になった輝元に家督を譲ろうとしたら、輝元はまだ十五歳だからといって固辞した。そこで、元就が家臣の平佐就之《ひらさなりゆき》への手紙で「情けなく候《そうろう》」と書き送ったという記録も残されています。跡継ぎとしては不甲斐ない、頼りないと見ていたのは確かなことで、だからこそ「天下を望むな。中央の政治には目を向けず、毛利の領国の自治に徹せよ」と遺言を残したわけです。

津本　おっしゃるとおり輝元は不甲斐ないのですが、吉川元春と小早川隆景がい

毛利家家系図

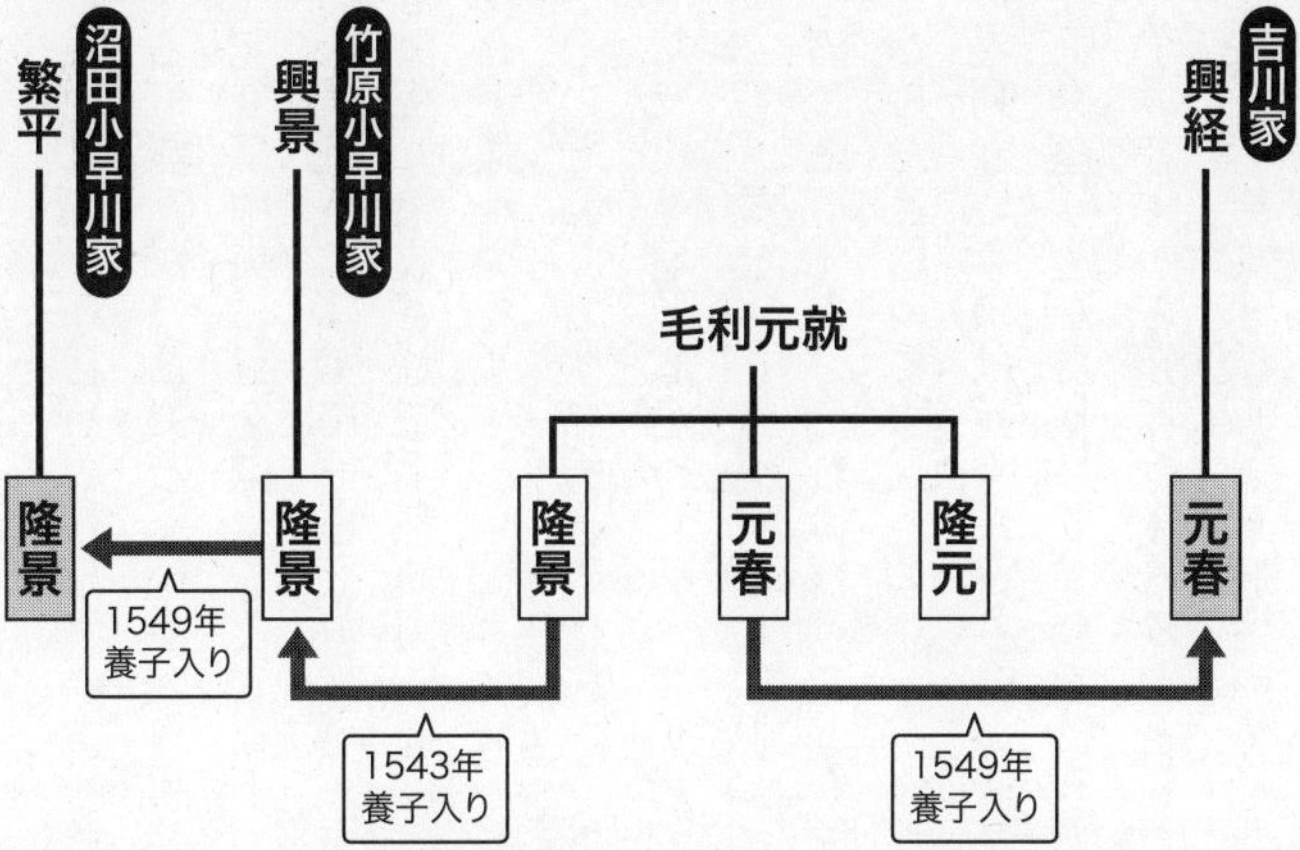

毛利元就は、実子の隆景、元春を養子にいれることで縁組先を勢力下に取り込み、吉川・小早川家が宗家を支える毛利両川体制を築き上げた。

る間の毛利はかなりしっかりしていました。だから、信長の中国攻略も、最初は成功する可能性がほとんどないという感じでした。

二木　元就は中央に目を向けるな、天下のことを考えるなと言い残したけれど、信長の中国征伐によって好むと好まざるによらず時流に呑み込まれていく。足利義昭も信長に追放されて毛利領国に逃げて来たりしますし、それでも、最初は毛利のほうが強かった。

津本　そのとおりです。秀吉の代になってからも、島津が毛利の後にいたときは秀吉といえども容易に西へは入っていけなかった。毛利が言うことを聞くようになったのは、秀吉が賤ヶ岳の合戦に勝って政権の中枢を握ったのが明らかになってからのことですが、それは言うことを聞かないと家がもたないという危機感があったからだと思います。

二木　毛利というのは元々が寄り合い所帯の国人領主連合で、しかも吉川や小早川に養子を送り込んだりして、今でいう吸収・合併というかたちで伸びていったわけです。ですから元春や隆景は別として、吉川家、小早川家自体は毛利とは仲は良くない。今でも吸収・合併された企業の側に不満が絶えないのと同じことです。

津本　元就が死んで毛利一族の結束が緩くなったのは確かでしょうね。吉川元春と小早川隆景が支えていたわけだけれど、この二人にしても決して仲がいいことはなかった。

二木　秀吉に対する関係も隆景と元春では違うわけです。隆景は安国寺恵瓊を使者として早くから秀吉と結び付いているけれど、元春のほうは秀吉が嫌い。だから、本能寺の変の後の高松城での講和のときも、基本的には秀吉の実力を認めた毛利側が講和を持ちかけ、隆景は講和派だったけれど、元春はこれを好機として秀吉をやっつけようと主張したといわれています。その後は天下の形勢が秀吉になびいていって、秀吉嫌いの元春は、家督を子供の元長《もとなが》に譲って引退するわけです。

津本　その元長の後に吉川家を継ぐのが、元春の三男の広家《ひろいえ》で、関ヶ原では重要な働きをします。一方の小早川のほうは、養子に入った秀秋の代になっています。

二木　秀秋は秀吉の正室の兄である木下家定の子供で、最初秀吉は、当時子供がいなかった毛利輝元の養子にという話だったのが、隆景がそれは困るということで、毛利家の跡継ぎは元就の四男、元清の子供の秀元に決めて、秀秋は小早川家の養子にしたというささか複雑な経緯もあるわけです。

津本　だから、秀秋は小早川家に何の血縁もないわけで、小早川家にとっても毛利一族にとっても他所者なんです。

二木　結局、関ヶ原の時点でいえば、毛利、小早川、吉川家は、家臣のなかに対立があったり、あるいは他所者意識があったりということで、元々一枚岩でなかったものが、いっそう分裂の兆しを強めていたのです。

津本　毛利の団結が崩れていたのは確かなことで、毛利が一枚岩でなかったから関ヶ原の戦いは始まったという言い方も、ある意味ではできるかもしれません。隙間があったからこそ、そこを突いて恵瓊のような人物も暗躍できたわけですし。

二木　あの時点で、毛利一族のことを最も真剣に考えていたのは吉川広家で、隆景亡き後の毛利一族の重鎮として、輝元にしても、よろしく頼むと頼りにしていた一面があると思います。

津本　ところが、広家の意に反して恵瓊が輝元を大坂城に引っ張り込んでしまった。

二木　広家自身は、輝元の大坂城入りには反対だったんです。広家は、家康側の武将と一緒に朝鮮出兵にも参加していて気心も知れていますし、家康の実力も知っていますから、家康に付かなくては毛利は駄目になると見抜いていたんです。

津本　恵瓊のほうは、秀頼を担いでいるし、諸大名の勢力から見ても西のほうが強いと思ったんでしょうか。

二木　そうだと思いますね。

三成の人望のなさが致命的

津本　確かに勢力からいえば、断然西と思っても無理からぬところがありますが、それにしては指揮官はあまりいいのがいなかった。

二木　総大将が輝元ですからね。輝元がいる大坂城や京都の周辺には西軍の大名、武将がたくさんいたわけだけれど、輝元には判断力がない。

津本　ただ、豊臣家のために戦うということだけで……。

二木　でも、そんなことをいったら、皆そうなんです。三成にすれば、豊臣家のために家康の野望を潰すのだと言っているわけだし、家康にしても本音はともかく、建前は、三成を征伐するのは豊臣家のためだということになるんです。

津本　そこが関ヶ原の戦いの面白いところだともいえますね。

二木　結局、関ヶ原の戦いで家康が勝ったのは、その前の根回しが凄いわけです。

津本　一八〇通ぐらいの手紙が残っていますよね。

二木　そうです。九州から奥羽まで全国の大名宛の手紙が。そして味方に付けと言い、味方に付くことができないならせめて中立でいろ、あるいは西軍に入っていても戦闘にだけは参加しないでくれと言って、多くを味方に引き入れてしまうわけです。日本中の大名にしても、東につくか西につくかで、明日にはお家断絶、倒産・失業の恐れが待ち受けているから大変です。

津本　そこで機を見るに敏ということが要求されるのですが、西軍の大名は豊臣政権下の二代目か三代目がほとんどで、組織の中の派閥抗争にばかり明け暮れていて、大局に目がいかなかったという面があると思いますね。

二木　関ヶ原合戦は、関ヶ原の戦場だけで両軍合わせて十五、六万人が集結しています。これまでの戦争とは桁違いに大規模なわけで、ここは味方、ここは中立、

関ヶ原直前の毛利家相関図

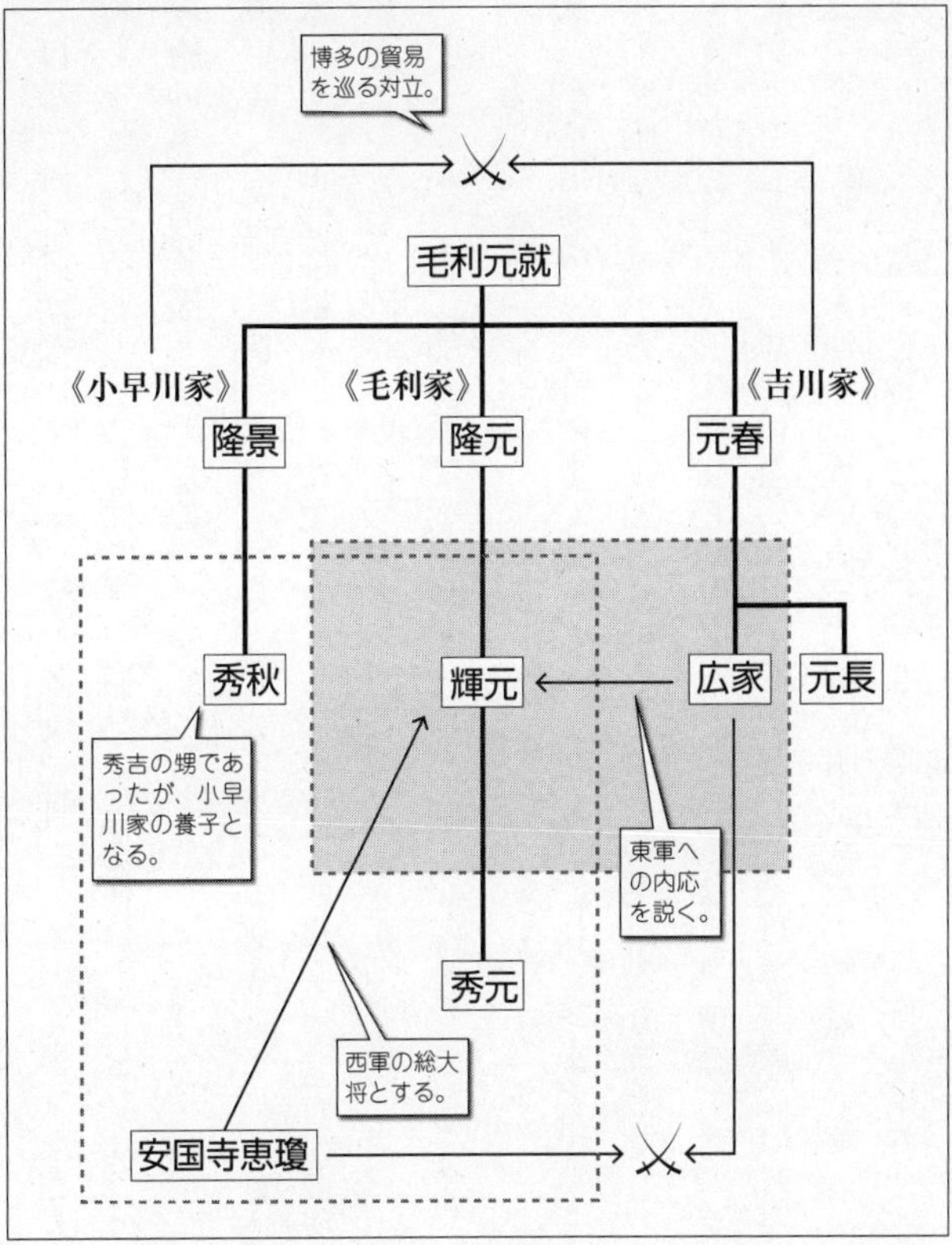

関ヶ原の合戦を前に、毛利家の当主輝元は大坂城に入城し、西軍総大将となった。しかし、当時の毛利家は安国寺恵瓊らの三成派と吉川広家らの家康派に分裂しており、意見調整がつかないまま、安国寺恵瓊らによってまつり上げられてしまったといえる。さらに、毛利本家・吉川家と、小早川家は貿易利権をめぐって対立するようになっており、小早川秀秋は去就が曖昧なまま西軍に参加することになった。

ここは敵だけど動かない、と一つずつ陣営を押さえていくようなやり方でなければ勝てません。結局のところは広家を通して、毛利の中立を取り付けたというのが家康の第一の勝因となったのですが。

津本　もし、毛利一族が西軍に付いていたら勝敗が逆転していたかもしれません。

二木　その可能性は高かったでしょうね。東軍、西軍共、七万人前後が集結しているといっても、戦っているのは各三万五〇〇〇人ずつぐらいで、小早川の一万六〇〇〇人が東軍に加わって、毛利と吉川が動かなかったから一気に東軍有利となったわけです。

津本　小早川秀秋は、最後まで迷っていたともいわれていますが……。

二木　家康からは上方の二カ国をくれるという約束がありましたし、一方、西軍からも秀頼が十五歳までは関白にするという申し出がありました。秀秋の心が揺れ動いたとしても不思議はないわけで、それでもやはり家康のほうを選びました。

津本　そこには、家康と三成の人望の違いもあったのではないでしょうか。三成の後押しをして西軍を勝たせたとしても、将来そういい目を見させてもらうことはないだろうと思っていた人は多かったんじゃないですか。それでも、関ヶ原で三成から出陣を求める狼煙《のろし》が上がったとき、毛利秀元だけはそれに従って出陣しようとしたようですが。

二木　毛利と吉川の軍は南宮山にいて、小早川秀秋は松尾山にいました。毛利一族が一斉に山から攻め降りれば、家康自身を挟み打ちにもできたのですが、小早川は逆に西軍を攻め、毛利、吉川は動かなかった。秀元は行こうとしたのだけれど、広家の軍勢三〇〇〇人が前で頑張っていて、どうしても行くというなら、自分たちを踏み潰して行けと言ったと伝えられています。

津本　広家が体を張って秀元を止めたという格好ですが、秀元も何としても行こうと思えば行けたでしょう。やっぱり秀元自身に躊躇があったのでしょうね。

二木　秀元と広家は決して仲が良くないし、秀元は動こうと思えば動けたと思うのですが、秀元自身が、この天下の形勢を見たら動けないという判断があったのだと思います。

津本　広家のほうは、三成や恵瓊が大嫌いということもあって、誰がこんな奴らに味方してやるものかという気持ちが強かったようです。三成の人望のなさというのは、西軍には致命的だったといえますね。

二木　その点では、家康のほうがはるかに人望があり、当時の武将も家康の実力を知っていて、家康に勝たせるという流れもできたわけです。家康は根回しもうまく、大局を見る戦いができたために関ヶ原の戦いでも勝利を収めることができたのです。ただし、私には一つだけ家康の気に入らないところがあるんです。それは、最終的に毛利を騙したことです。

二代目、三代目大名の考えの甘さ

津本　私も同感です。完全に騙していますからね。

二木　関ヶ原合戦までは、輝元が大坂城に入っていたことの責任は問わない、すべて周りがやったことなのだから責任を問わない、中立さえ保てばいいと家康は言っているんです。だから吉川広家は、中立を守って動きさえしなければ毛利を救えると信じて、そのとおりにやったわけです。大坂城を明け渡すまでも同じことを言っていて、黒田長政や本多忠勝、井伊直政といった重臣までもが誓紙を書いているのですから、信じたのも無理はないのですが。

毛利家の領土削減

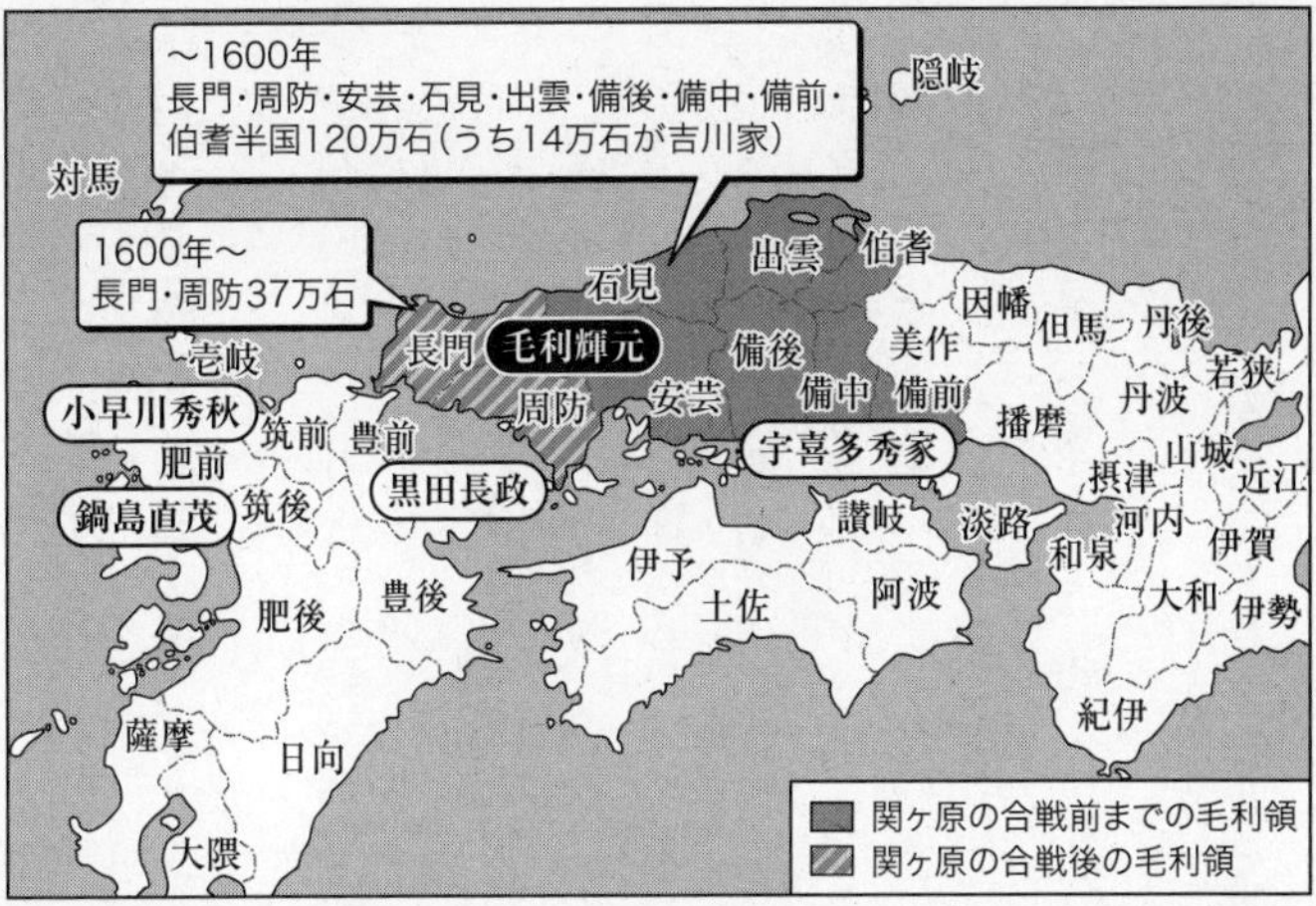

〜1600年
長門・周防・安芸・石見・出雲・備後・備中・備前・伯耆半国120万石（うち14万石が吉川家）
1600年〜
長門・周防37万石
隠岐
対馬
壱岐
石見
出雲
伯耆
因幡
但馬
丹後
若狭
長門
毛利輝元
備後
美作
周防
安芸
備中
備前
播磨
丹波
山城
近江
小早川秀秋
筑前
豊前
宇喜多秀家
摂津
肥前
黒田長政
河内
鍋島直茂
筑後
讃岐
淡路
和泉
伊賀
伊予
豊後
肥後
土佐
阿波
大和
伊勢
紀伊
薩摩
日向
大隅
関ヶ原の合戦前までの毛利領
関ヶ原の合戦後の毛利領

関ヶ原の合戦前、120万石を誇った毛利の領土は、戦後、一気に37万石へと削減される。

津本　それで、まんまと騙されてしまうんですね。大坂城には、まだ兵が五万人ぐらいいましたから、徹底交戦しようと思えば十分にできたし、西軍もまた集結したはずです。

二木　それが、すんなりと大坂城を明け渡したのだから、毛利はお人よしというか馬鹿というか……。

津本　毛利は一二〇万石から、長門《ながと》と周防《すおう》の二カ国だけの三十七万石に一気に転落してしまうわけです。それも、最初は広家に与えられるということだったのを、広家が黒田長政《くろだながまさ》や福島正則に必死に嘆願することで、本家毛利のものにしてもらい、輝元父子の生命も助けてもらったのです。

広家にいうのは酷なような気もしますが、信長が天正十年（一五八二）に死んでから関ヶ原まで約二十年です。その間に大名が二代目、三代目になって、考え方が非常に甘くなっていることに驚きますね。

二木　家康の手紙に騙されて、約束が守られなかった大名だってたくさんいるわけです。

津本　戦国時代の大名であれば、一歩間違えば身の破滅ですから、徹底したリアリストにならざるをえません。我が手に握った利益の分しか相手を信用しないわけで、起請文とかそんなものは一切信用しないんです。

二木　弱肉強食の時代ですから、力だけがすべてです。人質、政略結婚、裏切りなどいろいろなことがあるけれど、どっちにつくべきか、時勢の流れを見て見誤らないというのが、今の平和な時代に比べてはるかに生々しいんですね。

津本　それが、二代目、三代目になると一気に判断力が鈍くなる。わずか二〇年の間にどうしてそうなってしまうのかといえば、組織が出来上がったなかに安住してしまうので、思考停止状態になってしまうのでしょう。

二木　大名というのは博打打ちのようなもので、小さな領主同士が戦って、勝てば領地が増えるし、負ければ失業・倒産する。それを繰り返して大きくなったのが大名で、彼らには日本全体をどうするといった考えもなければ力もありません。天下を動かせるのは、やはり信長、秀吉、家康のレベルの人間だけです。関ヶ原でも、天下が混乱して、うまくいけば領土が広げられるかもしれないと考えているのは伊達政宗ぐらいで、あとは前田が八〇万石ぐらいだから、ある程度中立的な態度をとることができた。残りの小大名は戦うしかないんです。

『乾坤の夢』名場面

「秀頼と淀の者が一命は、助けてつかわすだわ」

　正信が答えた。

「さよう仰せらるるは、ごもっともと存じまする。ご誓紙を遊ばされておらるるなれば、お討ち果たしなさるるは如何《いかが》かと存じまするに」

　家康と正信は、たがいの眼を見交し、意中を伝えあった。

　家康は秀頼と淀殿の助命に同意し、秀忠に反対させるつもりであった。正信は家康から助命の許可をうけると、ただちに岡山の秀忠本陣へ出向き、同様の懇請をする。

　秀忠は怒った。

「千姫はなにゆえ秀頼とともに死なざりしか。城内へ追い戻せ」

　正信は秀忠を説き、秀頼母子の助命をひたすら願ったが、それは表向きの口上で、裏ではあくまでも反対せよとの家康の内意を伝えた。

　（中略）

五月八日辰の五つ（午前八時）、将軍秀忠は茶臼山へ出向き、家康に謁し、戦捷《せんしよう》を謝した。

「このたびは、お指図を頂きしおかげをこうむりて、わずか両日にて大敵を平均《へいぎん》いたし、大勝を得たるはまことに後代への誉れにござりまする」

家康は秀忠を諭した。

「自今、ますます治をはかるばかりにて、出精いたすべし。また軍役に労せし諸大名につきては、三年間は江戸城普請の夫役《ぶやく》を免ずべし」

家康はそのあと秀忠の耳に口をつけ、しばらくなにごとかささやいていたが、やがて大声を出していった。

「秀頼につきては、よく考えをめぐらし、死を免じてやるがよいわ」

秀忠は烈《はげ》しい口調で答えた。

「秀頼は二度も背きしに、その罪は許しがたしと存じまする」

家康は顔をゆがめ、嘆息していった。

「やむをえざるかや。秀頼とは誓書を交せしが、違背の罰は、老い先みじかき儂が受けようでや」

家康が秀忠にささやいた言葉は、諸大名の前でいい放ったそれとは、うらはらであった。

「秀頼はためらわず殺してしまえ。日を移さば思わぬ厄介《やっかい》がおこるやも知れぬだわ。一刻も早う後害を除かねばならぬだで」

秀忠は岡山本営に帰り、井伊直孝に秀頼母子を自尽させるよう命じた。

——『乾坤の夢』夏の陣　より

大坂の陣

――豊臣家に引導を渡し、天下統一をなしとげた家康――

徳川家康が天下統一を成し遂げた、戦国最後の戦いが、関ヶ原の合戦から十四年後に起こった冬・夏の二次にわたる「大坂の陣」である。

天下分け目の戦いとなった関ヶ原の合戦で福島正則、加藤清正ら豊臣恩顧の大名が家康の東軍についたのは、石田三成への憎しみとともに、家康が秀吉の遺児秀頼を守り立ててくれると約束したからである。

しかし関ヶ原の合戦から約十四年も経つと、世の中の情勢は大きく変わっていた。

徳川家は征夷大将軍の世襲を開始しており、江戸幕府の権力を磐石なものとしていた。一方、豊臣側は、加藤清正、浅野長政《あさのながまさ》ら豊臣恩顧の大名の多くがすでに亡く、豊臣家を必要とし、これを慕う者は少なくなっていたのである。

だが、豊臣秀頼は成長しつつあり、のちのち大きな火種になりかねない。

機が熟したとみた家康は天下統一への最後の大仕事にとりかかる。

家康の謀略に翻弄される豊臣家

慶長十九年（一六一四）二月、鉛や火薬を調達するなど早くも合戦準備を進めた家康は、開戦のきっかけを探り続けた。

そこで家康はわざと豊臣家に無理難題をつきつける。方広寺《ほうこうじ》の堂供養の日にちをわざと秀吉の法事の日に変更せよと迫ったり、豊臣方が手がけた方広寺の大仏の鐘の「国家安康《こっかあんこう》」という銘文は家康の名前を裂いて家康を呪ったものだと難癖をつけたのである。

さらに時を同じくするように、豊臣家の忠臣の片桐且元《かたぎりかつもと》や味方の織田信雄も大坂城を退去している。これも家康がそうなるように仕向けたものであった。豊臣家は完全に孤立したのである。

城内に残されたのは大野治長など秀頼の母淀殿に近いものだけ。それでも決戦を決意した彼らは、金銀をばらまいて兵を集めたが、主だった大名は誰もはせ参じなかった。

兵力こそ九万余りも集まったものの、内実は真田信繁《さなだのぶしげ》（幸村《ゆきむら》）、長宗我部盛親、後藤又兵衛《ごとうまたべえ》など、関ヶ原ののちに領土を失い、最後にひと花咲かせようという浪人ばかりであった。

徳川方は、十月には全国各地の大名二〇万の兵員を動員し、十二月には大坂城を包囲する。しかも福島正則、加藤嘉明《かとうよしあき》ら豊臣恩顧と思われる大名は江戸にとどめるなど抜かりなかった。

こうして大坂冬の陣が始まる。

城に敵を寄せ付けなかった冬の陣

空前の大軍で臨んだものの、大坂城は家康をもってしても簡単に落とせる城ではなかった。

何しろ大坂城は巨大な要塞である。三の丸を持つ大坂城の城域は二キロ四方におよび、北や西は大きな川の天然の要塞で守られ、東や南も大きな堀が構えられていた。しかも金銀が豊富なので兵糧攻めで落とすのも不可能に近い。かつて秀吉が力攻めでは落とせないと豪語しただけある難攻不落の城であった。

さらには唯一の弱点とされた南側に真田信繁が出丸《でまる》「真田丸」を築いて攻め寄せる東軍に一斉射撃を浴びせ、大損害を与えるなど、大坂方は徳川軍を城へ寄せ付けなかった。

力攻めをあきらめた家康は、城に大砲を撃ち込んで心理的に揺さぶりをかける作戦に出る。数日間にわたって砲撃が続いた結果、一弾が淀殿のいた櫓を打ち壊し、女たちを恐慌に陥らせるなどしたため、やがて十二月末、大坂方も講和に応じることとなった。

家康はこの講和を巧みに利用する。

講和条件のひとつに総堀の埋め立てという条項がもうけられていた。豊臣方は三の丸の外側の堀を埋めると解釈していたが、家康はその堀ばかりか三の丸を破却したうえ、他の堀もことごとく埋め立て、大坂城を本丸だけの裸城にしてしまったのである。

真田幸村の活躍が光った大坂冬の陣

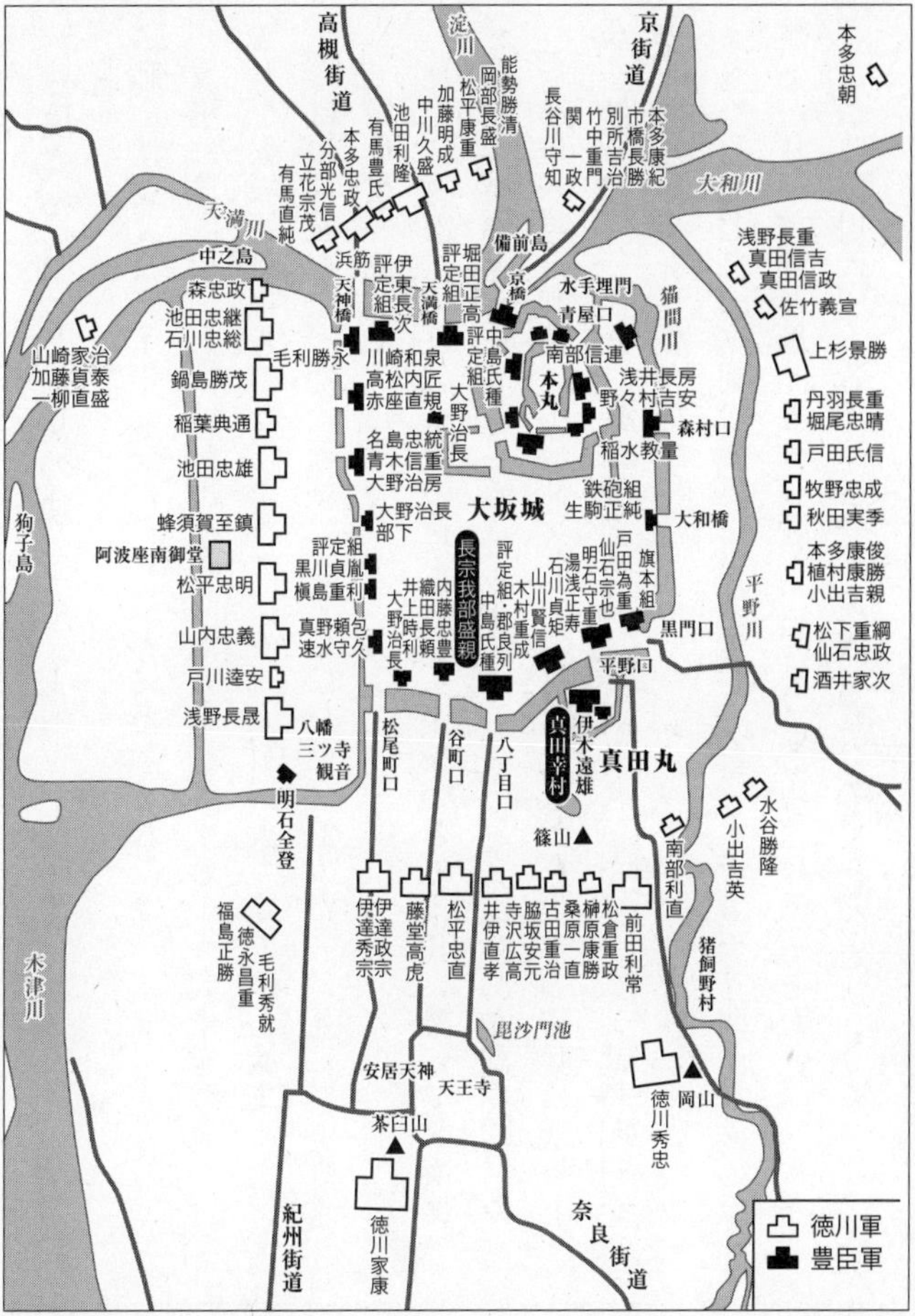

高槻街道
淀川
京街道
本多忠朝
能勢勝清
岡部長盛
松平康重
加藤明成
中川久盛
池田利隆
有馬豊氏
本多忠政
分部光信
立花宗茂
有馬直純
長谷川守知
関一政
竹中重門
別所吉治
市橋長勝
本多康紀
大和川
天満川
中之島
備前島
浅野長重
真田信吉
真田信政
佐竹義宣
森忠政
池田忠継
石川忠総
山崎家治
加藤貞泰
一柳直盛
浜筋
天神橋
評定組
伊東長次
天満橋
評定組
堀田正高
京橋
水手埋門
青屋口
猫間川
上杉景勝
毛利勝永
川崎和泉
高松内匠
赤座直規
評定組
中島氏種
南部信連
本丸
浅井長房
野々村吉安
丹羽長重
堀尾忠晴
鍋島勝茂
稲葉典通
大野治長
森村口
戸田氏信
池田忠雄
名島忠統
青木信重
大野治房
稲水教量
牧野忠成
鉄砲組
生駒正純
秋田実季
大野治長部下
大坂城
大和橋
蜂須賀至鎮
狗子島
阿波座南御堂
評定組
黒川貞胤
槙島重利
長宗我部盛親
評定組・郡良列
中島氏種
木村重成
山川賢信
石川貞矩
湯浅正寿
明石守重
仙石宗也
戸田為重
旗本組
本多康俊
植村康勝
小出吉親
松平忠明
平野川
内藤忠豊
織田長頼
井上時利
大野治長
真野頼包
速水守久
山内忠義
黒門口
松下重綱
仙石忠政
戸川逵安
平野口
酒井家次
浅野長晟
八幡
三ツ寺
観音
松尾町口
谷町口
八丁目口
真田幸村
伊木遠雄
真田丸
明石全登
篠山
水谷勝隆
小出吉英
南部利直
伊達政宗
伊達秀宗
藤堂高虎
松平忠直
井伊直孝
寺沢広高
脇坂安元
古田重治
桑原一直
榊原康勝
松倉重政
前田利常
福島正勝
徳永昌重
毛利秀就
木津川
猪飼野村
毘沙門池
安居天神
天王寺
岡山
徳川秀忠
茶臼山
徳川家康
紀州街道
奈良街道
徳川軍
豊臣軍

豊臣家が滅亡した夏の陣

戦いは翌慶長二十年（一六一五）春に再開された。

家康は豊臣氏に大坂城を出るか、浪人を追放するよう要求をつきつけ、これを大坂側が拒むことによって、五月六日、大坂夏の陣が始まった。もはや裸城となった大坂城に勝ち目はない。浪人たちは死に場所を求めて城を出て決戦に挑んだ。

とくに真田信繁は、家康の首を取るしかないと凄まじい勢いで数次にわたって家康本陣に迫り、一時は家康も死を覚悟するほどの激闘を演じた。しかし多勢に無勢、後藤又兵衛、木村重成《きむらしげなり》など豊臣方の将兵は次々と命を散らしていった。長宗我部盛親は捕縛され、キリシタン武将明石全登は行方知れずとなった。

かくして七日の夕刻に豊臣主力は全滅した。大坂城天守閣にも火の手が上がり、秀頼と母淀殿は翌朝、自刃して豊臣家は滅亡した。

ここに徳川氏による天下統一が達成されたのである。

豊臣家滅亡の戦い—大坂夏の陣

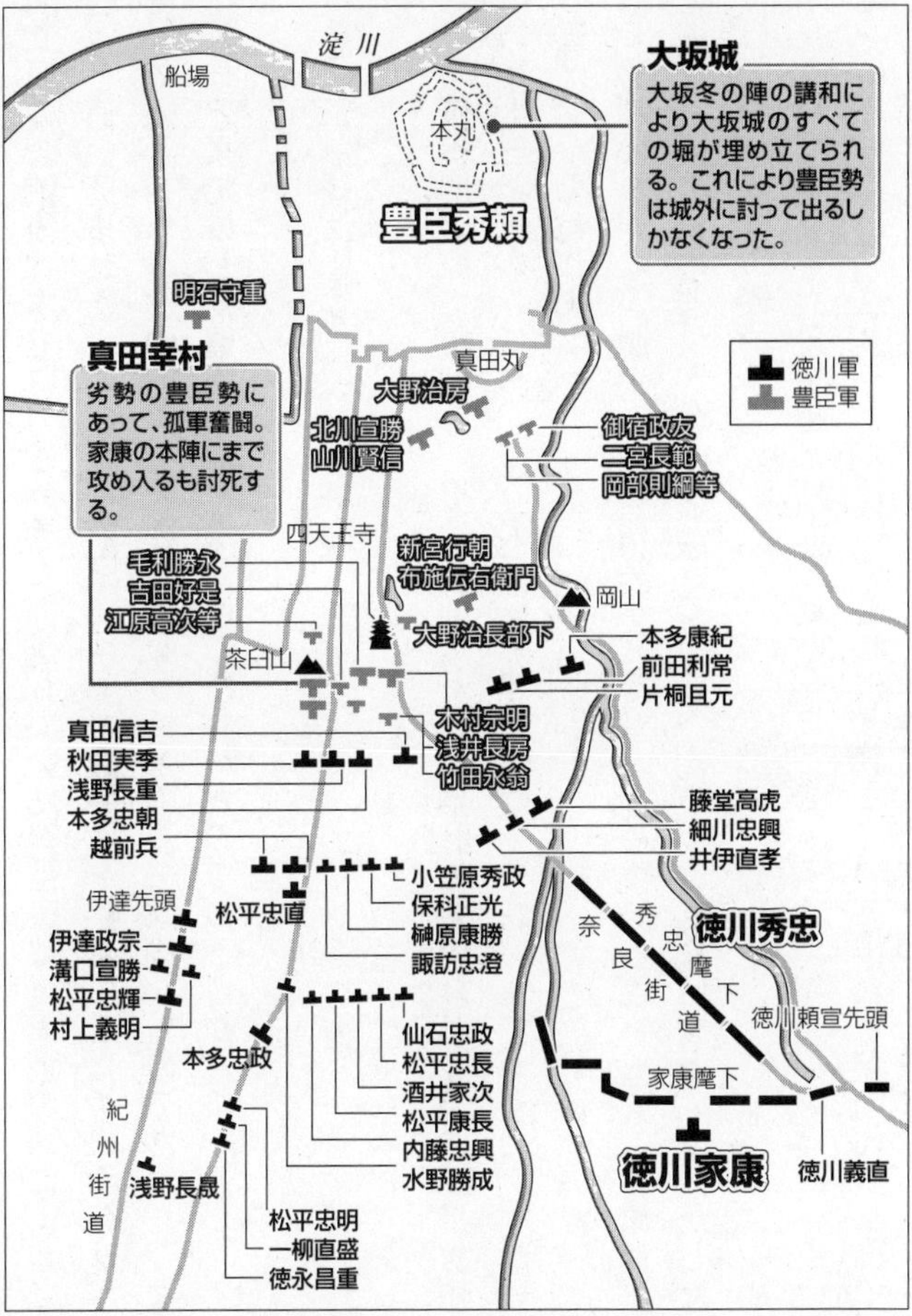

淀川
船場
本丸
大坂城
大坂冬の陣の講和により大坂城のすべての堀が埋め立てられる。これにより豊臣勢は城外に討って出るしかなくなった。
豊臣秀頼
明石守重
真田幸村
劣勢の豊臣勢にあって、孤軍奮闘。家康の本陣にまで攻め入るも討死する。
真田丸
徳川軍
豊臣軍
大野治房
北川宣勝
山川賢信
御宿政友
二宮長範
岡部則綱等
四天王寺
新宮行朝
布施伝右衛門
岡山
毛利勝永
吉田好是
江原高次等
大野治長部下
茶臼山
本多康紀
前田利常
片桐且元
木村宗明
浅井長房
竹田永翁
真田信吉
秋田実季
浅野長重
本多忠朝
越前兵
藤堂高虎
細川忠興
井伊直孝
小笠原秀政
保科正光
榊原康勝
諏訪忠澄
松平忠直
伊達先頭
伊達政宗
溝口宣勝
松平忠輝
村上義明
徳川秀忠
奈良街道
秀忠麾下
徳川頼宣先頭
仙石忠政
松平忠長
酒井家次
松平康長
内藤忠興
水野勝成
本多忠政
家康麾下
紀州街道
浅野長晟
徳川家康
徳川義直
松平忠明
一柳直盛
徳永昌重

関ヶ原の合戦後、すでに力を大きく削がれていた豊臣家は、大坂の陣によって滅亡へと追い込まれた。その際に家康が用いた豊臣家を挑発するための画策は、律儀者で通ってきた彼の印象を大きく損なうほど陰湿で執拗なものであった。なぜそれほどまでにして豊臣家取り潰しにこだわったのであろうか。

青息吐息の豊臣家を潰した理由

二木　家康は関ヶ原で勝利し、その体制ごと江戸幕府を開いたわけですが、秀頼はその後十五年生かしておいて、大坂夏の陣でようやく滅ぼしているのですが、その辺はどう思われますか。

津本　秀頼はなかなか頭がいいと西笑承兌《さいしょうじょうたい》などもほめているぐらいで。家康は、自分の子供の秀忠の器量が今一つとみて、このままでは危ないなという気がしたのではないでしょうか。

二木　秀頼は身長も六尺を超えた大男ということで……。

津本　そうですね。二メートル近い。それにそれまでの英雄たちが一代、二代で皆潰れていますから、徳川家もひょっとしたら長持ちしないんじゃないかという不安がよぎったのかもしれません。

二木　秀頼がある程度立派だったとしても、秀忠もそんなにぼんくらだったとは思いません。ただ、毛利元就の子供の隆元もそうであったように、父親が立派すぎたということはあったと思います。

津本　あまりに立派な父親を持った子供は不幸だということですか。

二木　隆元自身がそう言っているんです。「名将の子供に生まれて自分は不幸だ」と。何でも遠慮して一歩も二歩も下がっているというコンプレックスを持っていたんですね。徳川秀忠も同じことです。

両氏はともに後継者に対する家康の不安が大坂の陣を呼んだという。では、果たして秀忠はそれほどまでに無能だったのだろうか。また、家康はどのようにして後継者を育成し、次の時代へと権力を移譲していったのだろうか。

最もお家取り潰しをした男

二木　秀忠に話を移したいと思うのですが、秀忠の印象はどうですか。

津本　一般に理想の二代目、後継者ということでは、先代の事業を受け継いで、さらに伸ばしていく切れ者ということで、秀忠もいちおう、そういう評価ができるんでしょうけれど、ただ、秀忠は、家康が生きている間はずっと遠慮ばかりして、いつもご機嫌を伺っていたという印象が強いですね。

二木　秀忠と家康で面白いのは、親子で子作りレースをしているみたいなんです。秀忠に子供が生まれると、今度は家康の側室が続けて二人ぐらい産んで「おまえはまだ男が生まれないのか」などと言ったりしてたんでしょう（笑）。

津本　家康は六十代ですからね。元気なものです（笑）。当時の六十代は今の七十代でしょう。

二木　徳川二六〇年の基盤は家光のときにつくられたとよく言われるんですけど、その前に家康と秀忠がいたからこそです。秀忠は四十五歳で将軍職を二十歳の家光に譲りますが、その後一〇年ぐらいは大御所として家光を補佐していて、秀忠が死ぬ頃には、もう江戸幕府の地盤は磐石になりつつあったんです。

秀忠は家康が立派すぎるため、小粒だとか、律儀、真面目とかいった評価ばかりされるけれど、私はかなり元気のある人だったと思うんですが。

津本　それを証明するのが取り潰しが多かったことで、それで睨みを利かせていたんです。私が『風流武辺《ふうりゅうぶへん》』という小説で書いた上田宗箇《うえだそうこ》という茶人がいます。秀忠ともお茶の友達であったわけですが、浅野家のお家騒動に巻き込まれて、宗箇もその娘も殺されてもおかしくない状況になったときに助かったというエピソードがあるんです。それは、秀忠が藩主の浅野長晟《あさのながあきら》に、「手を出すな」と手紙で指示を出していたからで、藩主が自分の家来やその娘を成敗できないぐらい秀忠が怖がられていた証拠だと言えます。

二木　家康は、昔からの付き合いで義理人情もあるから、外様大名にはどうしても遠慮がある。その点、秀忠は二代目だから、平気で汚れ役もできるんです。福島正則、田中忠政《ただまさ》、最上義俊《もがみよしとし》の改易などはまさにそれで、なかでも典型的なのは、加藤清正の養子の忠広《ただひろ》の改易です。これは家光《いえみつ》の時代ですけど、やっているのは大御所の秀忠です。こういうバサッと切れるところは、秀忠のきつい性格ゆえで、人情家の家康とは大きな違いがありますね。

津本　しかし、秀忠と家光ということで、お江さんも絡んで、ちょっと複雑な関係なんですね。家光は、家康の遺訓で将軍にしてもらったわけですから。

二木　おそらく、秀忠は正室のお江《ごう》さんに頭が上がらず、お江さんが可愛がっている国千代《くにちよ》（忠長《ただなが》）のほうを跡継ぎに、と考えたんだと思いますが、実際、国千代というのは行儀正しく、頭もよかったみたいですね。だけど竹千代（家光）の乳母の春日局が家康に訴えたから……。

津本　家康の判断は、同じ腹から生まれた兄弟であれば、やはり嫡子が継ぐべきという、嫡子相続の基本的な考え方をここで打ち出したわけです。

『乾坤の夢』名場面

「人の一生は重荷を負うて遠き道をゆくがごとし。いそぐべからず。不自由を常とおもえば不足なし。こころに欲おこらば、困窮したる時を思い出すべし。堪忍は無事長久の基、いかりは敵とおもえ。勝つ事ばかり知って、まける事を知らざれば、害その身に至る。おのれを責めて人をせむるな。及ばざるは過ぎたるよりまされり。

慶長八年正月十五日　　家康　花押

人はただ身のほどを知れ　草の葉も露も重きは落つるものかは」

――『乾坤の夢』遠行　より

群雄割拠の時代

応仁元年（1467）に勃発した応仁の乱以降、幕府の権力は衰退し、各地に群雄が割拠し相争う戦国時代を迎えた。北条早雲が一介の浪人から身を起こし伊豆・相模を乗っ取れば、斎藤道三は主君を追い美濃の太守となった。日本中に下剋上の風潮が漂い、混沌とした時代が続く。

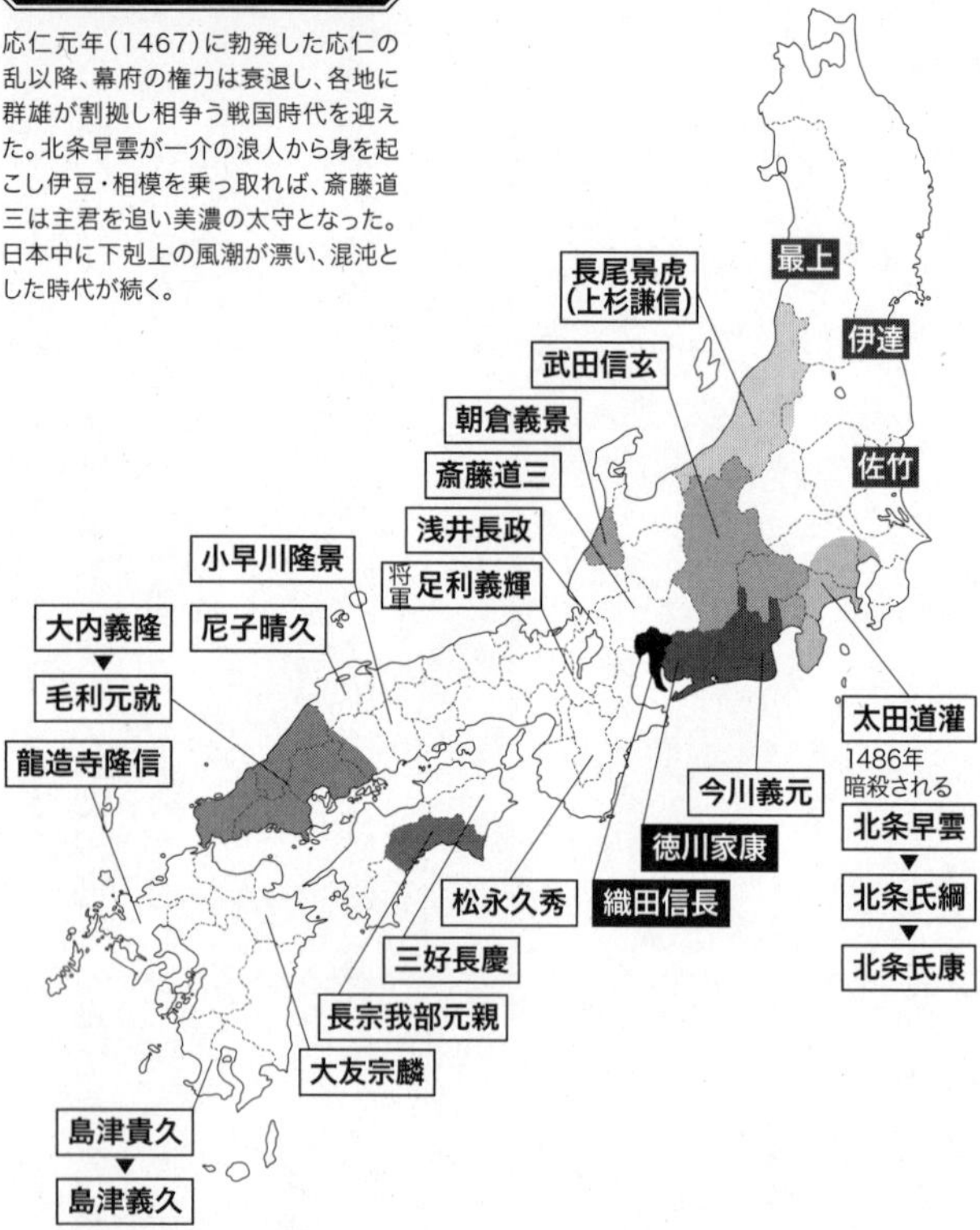

16世紀前半
（永正・天文・弘治年間）

織田信長の時代

果てない勢力争いが全国で続くなか、尾張の織田信長が勢力を拡大。信長は今川義元を桶狭間にて破ると、美濃を吸収。足利義昭を奉じて上洛し、天下に号令をかけるに至る。反信長勢力を次々に屈服させながら、ついに天下統一へあと一歩のところまで迫った。

伊達稙宗
伊達輝宗
上杉謙信
上杉景勝
滝川一益
前田利家
柴田勝家
明智光秀
小早川隆景
毛利輝元
織田信長
徳川家康
清洲同盟
羽柴秀吉
北条氏政
九鬼嘉隆
長宗我部元親
大友宗麟
島津義久

天正年間後期

織田勢の国

豊臣秀吉の時代

天正10年(1582)6月、本能寺の変により織田信長が突然の死を迎える。直後の混乱を制して天下人となったのは豊臣秀吉であった。秀吉は全国に惣無事令を発布して私戦を禁じ、戦国の世に一応の収束をもたらしたが、その政権基盤は不安定なものであった。

伊達政宗
蒲生氏郷
1595年に死去
▼
上杉景勝
前田利家
石田三成
豊臣秀吉
徳川家康
仙石秀久
山内一豊
宇喜多秀家
毛利輝元
小早川隆景
立花宗茂
長宗我部元親
黒田長政
加藤清正
小西行長
島津義久

文禄元年(1592)頃

豊臣勢の国

戦国時代の終わり

慶長5年(1600)9月に勃発した関ヶ原の合戦後、天下の実権を握った徳川家康は、西軍方の諸大名を次々に改易し、東軍として自分に味方した大名たちを全国に配置していった。そして、慶長20年(1615)豊臣家の滅亡をもって戦国の世は終わりを告げる。

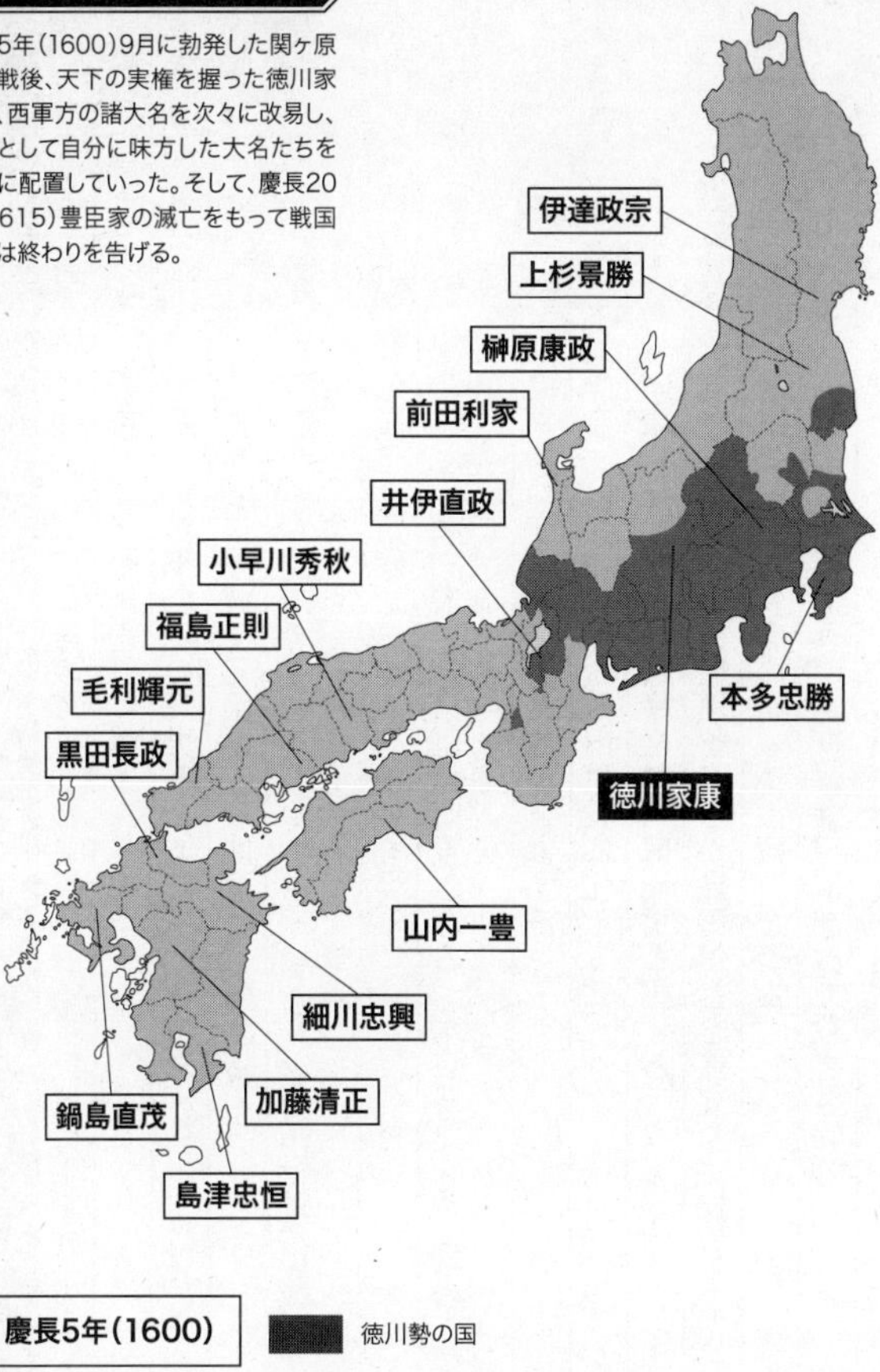
伊達政宗
上杉景勝
榊原康政
前田利家
井伊直政
小早川秀秋
福島正則
毛利輝元
黒田長政
本多忠勝
徳川家康
山内一豊
細川忠興
加藤清正
鍋島直茂
島津忠恒
慶長5年(1600)
徳川勢の国

信長・秀吉・家康、三者関連年表

和暦	西暦		
天文三年	一五三四	信長	織田信秀の三男として、尾張那古野城に生まれる。
天文六年	一五三七	秀吉	尾張国中村に生まれる。
天文十一年	一五四二	家康	松平広忠の長男として誕生。幼名竹千代。生母は於大の方。
天文十五年	一五四六	信長	古渡城で元服し、三郎信長と名乗る。
天文十六年	一五四七	家康	今川氏の人質として駿府へ送られる途中、織田勢に身柄を奪われ、織田信秀の人質となる。
天文十七年	一五四八	信長	斎藤道三の娘・濃姫を娶る。
天文十八年	一五四九	家康	父・広忠が家臣に暗殺される。十一月、今川氏の人質として駿府へ送られる。
天文二十二年	一五五三	信長	守役・平手政秀が自害する。
天文二十三年	一五五四	秀吉	この頃から織田信長に仕える。
弘治元年	一五五五	家康	元服して松平次郎三郎元信と称する。
弘治二年	一五五六	信長	林秀貞・柴田勝家らが織田信行を擁立し、反旗を翻す。
弘治三年	一五五七	家康	関口義広の娘（築山殿）を娶る。
永禄元年	一五五八	信長	織田信行が再び背き、清洲城で殺害される。
永禄元年	一五五八	家康	初陣し、この頃、元康と改名。

永禄二年	一五五九	信長	初めて上洛し、足利義輝に謁見する。
永禄二年	一五五九	家康	嫡男信康が誕生する。
永禄三年	一五六〇	信長	尾張に侵攻してきた今川義元を、桶狭間の合戦で破る。
		家康	桶狭間の合戦で今川義元が討ち死にし、元康（家康）、岡崎城に入り人質生活を終える。
永禄四年	一五六一	秀吉	浅野又右衛門長勝の養女（実父杉原定利）のおねと結婚する。
永禄五年	一五六二	信長 家康	清洲城で織田信長と松平元康（家康）が同盟を結ぶ。（清洲同盟）
永禄六年	一五六三	家康	九月、三河一向一揆が勃発する。
永禄七年	一五六四	家康	三河一向一揆を平定する。また、この年、三河を統一する。
永禄九年	一五六六	秀吉	墨俣に一夜城を築く。
永禄九年	一五六六	家康	朝廷の勅許を得て徳川姓に改める。
永禄十年	一五六七	信長	斎藤龍興を破り、稲葉山城を攻略。岐阜城と改める。
		家康	嫡男竹千代（信康）と織田信長の娘・徳姫が結婚する。十二月、武田信玄と今川領の分割を約し、遠江に侵攻する。
永禄十一年	一五六八	信長	足利義昭を奉じて上洛を果たす。

元亀元年	一五七〇	信長	朝倉攻めに乗り出すも、浅井長政の裏切りに遭う。
		信長 家康	六月、織田信長と徳川家康はともに戦い浅井・朝倉連合軍を姉川の合戦で破る。
元亀二年	一五七一	信長	比叡山延暦寺を焼き討ちにする。
元亀三年	一五七二	家康	十二月、三方ヶ原の合戦で武田信玄に大敗を喫する。
元亀四年	一五七三	信長	足利義昭を追放し、室町幕府を滅ぼす。
天正元年	一五七三	信長	小谷城、および一乗谷を攻略し、浅井・朝倉両氏を滅ぼす。
		秀吉	小谷城に入城し、北近江十二万石を領す。この頃木下藤吉郎から羽柴秀吉に改名か？
天正二年	一五七四	信長	伊勢長島の一向一揆鎮圧を本格化させる。
天正二年	一五七四	秀吉	長浜城を築城する。
天正三年	一五七五	信長 家康	五月、織田信長と徳川家康はともに戦い、長篠の合戦で武田軍を破る。
天正四年	一五七六	信長	安土城の築城を開始する。
天正五年	一五七七	信長	雑賀攻めに乗り出し、鈴木孫一らを降す。
天正六年	一五七八	信長	正二位右大臣兼右近衛大将に任じられるが、官位返上する。木津川口にて毛利水軍を破る。
天正七年	一五七九	信長	安土城天主が完成する。

天正七年	一五七九	家康	織田信長から信康・築山殿の処罰を命じられ、正室築山殿を殺害。嫡男信康を自害させる。
天正八年	一五八〇	信長	石山本願寺の顕如を降伏させる。
天正八年	一五八〇	秀吉	長浜城から姫路城へ移る。三木城の別所長治を降伏させる。
天正九年	一五八一	信長	伊賀を平定する。
天正十年	一五八二	信長	天目山麓の田野で武田勝頼を討ち、武田氏を滅ぼす。
		家康	武田勝頼自害し、武田氏滅亡。家康は、織田信長より駿河を与えられる。
		信長	六月二日未明、本能寺にて明智光秀の裏切りに遭い自害する。享年四十九。
		家康	六月、本能寺の変に際し、堺より三河へ帰還。
		秀吉	六月十三日、山崎の合戦で明智光秀を破る。六月二十七日、清州会議が開かれる。
		家康	七月、甲斐・信濃へ侵攻し、武田遺臣を多数召し抱える。
天正十一年	一五八三	秀吉	賤ヶ岳の合戦で、柴田勝家を破る。越前北之庄城で柴田勝家が自害する。
天正十二年	一五八四	秀吉 家康	織田信雄を奉じる徳川家康と羽柴秀吉が衝突。小牧・長久手の合戦起こる。織田信雄と羽柴秀吉が単独講和し、徳川家康は兵を引く。

天正十三年	一五八五	秀吉	四国征伐を敢行し、長宗我部元親を降伏させる。従二位左大臣、従一位関白に叙任し、姓を藤原に改める。
		家康	閏八月、大久保忠世らが信濃上田城の真田昌幸に敗れる。十一月、重臣・石川数正が羽柴秀吉のもとへ出奔する。
天正十四年	一五八六	秀吉 家康	羽柴秀吉、妹・旭姫を徳川家康の正室とし、さらに生母大政所を人質として岡崎に送るに至り、徳川家康上洛し大坂城にて羽柴秀吉と謁見する。
		秀吉	十二月、羽柴秀吉、太政大臣となり、豊臣姓を賜る。
天正十五年	一五八七	秀吉	九州島津氏を征伐するため大坂を出陣。
		家康	八月、上洛して豊臣秀吉に九州平定を賀す。
天正十七年	一五八九	秀吉	側室淀殿、淀城にて鶴松を生む。
天正十八年	一五九〇	秀吉	小田原城の北条氏直を降す。
		家康	七月、豊臣秀吉によって関東へ移封される。
天正十九年	一五九一	秀吉	弟・羽柴秀長、子鶴松没。養子羽柴秀次が関白左大臣に任ぜられる。
文禄元年	一五九二	秀吉	諸大名に朝鮮出兵を命ずる（文禄の役）。母・大政所（なか）没す。
文禄二年	一五九三	秀吉	側室淀殿が大坂城で捨丸（のちの秀頼）を生む。
文禄四年	一五九五	秀吉	秀次の左大臣、関白の官職を奪い、切腹を命ずる。

慶長元年	一五九六	秀吉	慶長の役が起こる。
慶長三年	一五九八	秀吉	徳川家康、前田利家ら五大老に秀頼を託す。伏見城にて没す。享年六十二。
慶長四年	一五九九	家康	前田利家が没する。九月、大坂城西の丸に入る。
慶長五月	一六〇〇	家康	六月、会津遠征のため大坂を出陣。九月、関ヶ原で西軍と戦い大勝を収める。
慶長八年	一六〇三	家康	征夷大将軍に補せられ、江戸に幕府を開く。
慶長十年	一六〇五	家康	征夷大将軍を辞し、大御所と称す。三男秀忠、征夷大将軍となる。
慶長十六年	一六一一	家康	二条城で豊臣秀頼と会見する。
慶長十七年	一六一二	家康	キリスト教を禁じる。
慶長十九年	一六一四	家康	大坂冬の陣が起こる。
慶長二十年	一六一五	家康	五月、大坂夏の陣が起こり、豊臣秀頼・淀殿母子、大坂城中で自害する。
元和元年			七月、武家諸法度・禁中並公家諸法度を定める。
元和二年	一六一六	家康	四月、駿府城にて没する。享年七十五。

単行本あとがき

作家津本陽と、歴史家二木謙一との出会いは、かれこれ二十八年ほど前になる。津本が織田信長の伝記小説『下天は夢か』を日本経済新聞朝刊に連載するにあたり、その背景となる時代・風俗文化の理解と史料提供の協力を、二木に求めたのである。

『下天は夢か』の連載は、昭和六十一年（一九八六）十二月一日から始まった。挿画は文化部長田村祥蔵氏の推奨による深井国氏、担当記者は気鋭の内田洋一氏であった。

その執筆期間中には、田村部長のご配慮で時宜により打ち揃っての懇談会が催された。また内田記者の手配により、深井氏と四人で三河・尾張（愛知県）・美濃（岐阜県）・近江（滋賀県）方面に、二泊三日の取材旅行を行なったことも懐かしい。名古屋・犬山・岐阜の城跡や、桶狭間・小牧長久手・姉川・長篠の古戦場や比叡山霊場などを巡見し、信長の雄飛に思いを馳せたのであった。

連載は当初の予定では一年間であったが、信長の器量の大きさと魅力に引き込まれ、結局は平成元年（一九八九）七月まで、じつに二年八ヵ月にもわたる長編となった。そして完成とともに同新聞社出版局から全四冊の単行本として刊行された。ちなみに、田村氏は文化部長から出版局長に異動したが、『下天は夢か』が二百万部を超えるミリオンセラーとなったのは、田村局長時代であった。『下天は夢か』が出版界における信長ブームの火付け役となったことから、信長後継の秀吉と家康を合わせた「夢」三部作への始動となった。

そして早くも豊臣秀吉を主人公とする『夢のまた夢』が、平成二年（一九九〇）八月一日から同五年の八月二十四日まで、北海道新聞・東京新聞・中日新聞・西日本新聞朝刊に連載された。この時も連載開始から間もない時期に、二人は担当記者と連れ立って、一泊二日の行程で賤ヶ嶽古戦場や野間の大御堂など、琵琶湖周辺や知多半島の史跡を、秀吉を語りながら散策したのであった。『夢のまた夢』はやがて文藝春秋から全五冊の単行本となり、平成七年度の吉川英治文学賞の受賞作となっている。

ついで徳川家康を扱った『乾坤の夢』が「週刊文春」平成六年（一九九四）一月十三日号より、同八年七月十一日号まで連載され、後に文藝春秋から全三冊の単行本として刊行された。同書は平成十七年（二〇〇五）度に受賞した菊池寛賞の主要作品となった。

さて、この信長・秀吉・家康の「夢」三部作は、従来の伝記小説とは三人の扱い方が異なっている。それは信長・秀吉・家康をバトンタッチの形で取り上げたことである。

すなわち『下天は夢か』は天文十八年（一五四九）、父信秀の臨終を控えた頃の十六歳の信長から筆を起こし、足利義昭を奉じて上洛し、畿内の大半を制圧するも、本能寺に四十九歳で果てるまでの一代記。これに続く『夢のまた夢』は信長が本能寺で横死した日の夜、備中高松城攻めの最中にあった秀吉の陣所から物語が展開される。そして『乾坤の夢』は、慶長三年（一五九八）八月、秀吉が六十二歳で薨去した後の政局の混乱から始まり、大坂夏の陣の翌年、七十五歳の生涯を終えるまでの家康像を描いている。かくして『下天は夢か』の起筆から『乾坤の夢』の擱筆まで、約十年の歳月をついやしたのであった。

思えば津本と二木は、『下天は夢か』の出会いから今日までの間に、記者や編集者を交えての懇談や取材旅行のほか、講演会の講師やシンポジュウムのパネラーとして名を連ね、また各種雑誌での対談・鼎談に登場した。そうした中で二人の対談だけでも十三回を数え、その内容は信長・秀吉・家康をはじめとする戦国武将による乾坤一擲の戦いや人物論・経営論、補佐役とナンバーツウの条件、それに武術や史上の剣豪を語るなど広範囲にわたっている。

そしてこの度、思いがけなくも実業之日本社出版部の金子さくたろう氏から、二人の対談をベースにした書籍を作りたいというお話があった。それも特に信長・秀吉・家康に焦点を絞り、再構成する形での出版はどうか、というアイディアまでをいただいた。

そこで編集担当者とも相談のうえ、十三編の対談を活かしながら、三英雄の器量・人物を、発想・企画力・行動力・人材登用・人遣い・経営感覚といった視点から再構成することにした。

その結果、本書は信長・秀吉・家康を三章に分け、必要に応じて導入部や繋ぎの文章を加えた。また読みやすさに配慮をして、各章ごとに登場人物や特殊な歴史用語には簡単な解説を加え、図版や関連年表を付した。さらにはコラム欄のほか、『下天は夢か』『夢のまた夢』『乾坤の夢』の中から、それぞれの内容に相応しい名場面を抄出した。おそらく従来の対談集には見られない、新しいスタイルの書物となったであろう。書名も三部作の「夢」にちなんで、『信長・秀吉・家康　天下人の夢』と題している。

ところで蛇足のようだが、十数年前から津本の主催により、『下天は夢か』の五人の仲間が集う忘年会が続けられ、昨年末にも行なわれた。あの日経新聞連載時の反響と高揚感が、今も懐かしいのである。みな年は取ったが、いたって元気である。というよりも毎年この会に集まり、「癒し」と「励み」を得るのであろう。話題が豊富で学ぶことも多く、じつに楽しい。幹事役は常にいちばん若い内田氏であるが、その彼も今では編集委員の要職にあり、日経でも古参になったという。当初は「下天会」と称していたが、いつの間にか「夢幻会」に変わっている。

そのような縁もあって、本書（編集部注：単行本時）でも深井国氏のご好意により、『下天は夢か』の連載で使用した挿絵の一部を使わせていただいた。

平成二十六年一月吉祥日

津本　陽
二木謙一

文庫版あとがき

本年の五月二十六日は、津本陽氏の三回忌祥月命日である。話は遡って二〇一四年、実業之日本社から津本氏と私の対談集『信長・秀吉・家康　天下人の夢』が単行本として出版されている。この単行本が津本氏の三回忌に合わせて実業之日本社文庫にて刊行されることになり、文庫版のあとがきを書くようにとのご依頼をいただいた。

思えば、私は津本氏の代表的な時代小説『下天《げてん》は夢か』『夢のまた夢』『乾坤《けんこん》の夢』の夢三部作に、時代背景の解説と史料提供のお手伝いをし、その後も各種雑誌での対談・鼎談・シンポジウムなどに名を連ね、二人の対談だけでも十三回を数える。その内容は多岐にわたるが、単行本では紙幅の都合もあり、特に信長・秀吉・家康に焦点を絞って三章に再構成する形での出版となった。そこで本書に取り上げている二人の対話の主な内容と流れについて紹介しよう。

第一章は織田信長である。従来の時代小説における信長の人物像の大方は、伝統破壊の英雄か革命児、合理主義の無神論者とかいったような、ある種の枠にはめ込んでとらえている。これに対して津本氏の信長観は自然体で、固定化された先入観がみられない。そのことは本書の対談にもうかがわれるであろう。

たとえば、信長といえば一般的には短気で迅速果敢なイメージであるが、尾張時代の信長には辛抱強く潮時を待つ姿勢があり、迅速果敢になるのは美濃《みの》攻略以降のこと。また兄弟・肉親相克を切り抜けた経験が、部下に対しても心を許すことのできない信長の性格を決定づけた。また尾張の「うつけ」から天下布武の戦いを進めるリーダーへと変貌するきっかけは、桶狭間の勝利が大きな自信となり、信長は逃げて生き延びる恥ずかしさのほうが、戦って死ぬよりもつらいと思うタイプの人間になったという。

津本氏の小説はビジネスマンに読者が多いといわれるが、対談でも会社勤めの経験を活かしての人材登用や経済の話は得意である。信長は人材スカウト、部下の能力を引き出す達人で、実力主義をつらぬき業績には必ず報いた。本性は冷たい人間ではないが、桁違いの酷使が本能寺の変を招いた。また、楽市・楽座、関所の撤廃など、人と物の移動を活発にして経済を大きく発展させるなど、信長は日本社会を活性化させ、中世を近世に転換させた最大の功労者であった。そして、類まれなアイディアマン、名プロデューサーで、天下統一は果たせなかったが、男・信長の夢は果たせた感じで、津本氏は生き様としてはじつに羨《うらや》ましいという。

第二章は豊臣秀吉である。各種雑誌における対談では、秀吉を様々なテーマで語っているが、書籍化にあたっては秀吉の「ひとたらし」の本領と、人の心を捉える人間的魅力に焦点を当てた。そして有能ながら信長に嫌われた光秀と、失敗をしても信長に気に入られ続けた秀吉との違いは何か。人を動かす殺し文句と大盤振る舞いでどんどん高禄大名を作ったことが派閥を生じ、政権末期の家臣団分裂を招いたことなどを語り合っている。

第三章は徳川家康である。家康についても、実際の雑誌対談においては幅広く論じているが、書籍では信長・秀吉時代の長き雌伏に耐え抜いた家康が、ついには天下を取ったのは何故か、その成功の秘密に迫っている。すなわち信長は天才に過ぎて家臣との距離が大きく、秀吉は毛並みが悪く人脈も乏しかったのに、あまりにも早く出世街道を駆け上がって孤独であった。それに対して家康は若い頃から譜代家臣の補佐役に恵まれたこと。信長・秀吉のもとでの苦労や経験から、他人への気配りと人遣いの妙が養われたこと。慎重でありながらも賭博打のような勝負勘が身に付いていたこと。そして最大の魅力は年輪を重ねるごとに、リーダーとしての器が大きくなっていったことなどが浮かび上がった。

ちなみに、信長・秀吉・家康の三人の中で、私は秀吉の明るく優しい性格とバイタリティーあふれた行動力に親しみを感じているが、津本氏は他の二人に較べ、秀吉にはニヒリズムがあまり感じられず、面白味がないと語っていた。

津本氏は感性が豊かで歴史の裏面を読む洞察力・推理力に優れた作家で、対談はいつも楽しかった。この文庫の対談をお読みになる歴史好きな皆様にも、きっと楽しんでいただけるものと思う。

令和二年三月吉祥日

國學院大學名誉教授　二木謙一

《参考文献》

二木謙一『関ヶ原合戦』『大坂の陣』（中央公論新社）、『徳川家康』（筑摩書房）／小和田哲男『戦国合戦事典―応仁の乱から大坂夏の陣まで』（三省堂）、『織田家の人びと』（河出書房新社）

《対談初出》（対談は初出記載内容を優先しました）

第一章
・『プレジデント』1989年10月号
・『プレジデント』1997年10月号
・『歴史読本セレクト③戦国軍師たちの戦略』1996年
・『ニューリーダー』2006年9月号
・『歴史別冊シリーズ①織田信長―天下一統の謎』1987年
第二章
・『プレジデント』1997年10月号
・『歴史読本　戦国の名補佐役』1993年7月号
・『別冊歴史読本戦国史シリーズ　戦国軍師たちの戦略』1996年3月号
第三章
・『プレジデント』1997年5月号
・『プレジデント』1997年10月号
・『プレジデント』2000年2月号
・『ちくま』1998年3月号
・『歴史読本　戦国の名補佐役』1993年7月号

編集協力　ロム・インターナショナル

二〇一四年三月　小社刊

実業之日本社文庫 つ25

信長《のぶなが》・秀吉《ひでよし》・家康《いえやす》　天下人《てんかびと》の夢《ゆめ》

2020年6月15日　初版第1刷発行

著　者　津本《つもと》 陽《よう》・二木謙一《ふたきけんいち》

発行者　岩野裕一
発行所　株式会社実業之日本社
〒107-0062　東京都港区南青山5-4-30
CoSTUME NATIONAL Aoyama Complex 2F
電話［編集］03(6809)0473［販売］03(6809)0495
ホームページ　https://www.j-n.co.jp/
DTP　ラッシュ
印刷所　大日本印刷株式会社
製本所　大日本印刷株式会社

フォーマットデザイン　鈴木正道（Suzuki Design）

ISBN978-4-408-55597-3（第二文芸）